Mundo Google

¿Cuántas horas diarias pasamos frente a **Gmail**, **Google Maps** o **Docs**? Estos servicios definen nuestra vida digital, sin embargo, raramente nos detenemos a investigar cómo aprovecharlos al máximo, vamos "aprendiendo con el uso".

En esta **Guía USERS** recorremos los servicios más conocidos de Google para conocer sus trucos y secretos. Los lectores también podrán enterarse de servicios y aplicaciones que posiblemente no conocían.

El mismo navegador **Chrome**, por ejemplo, dentro del cual transcurre practicamente la vida de muchos de nosotros, tiene disponibles cientos de extensiones que le dan superpoderes, acá les contamos algunas de las más interesantes.

Google Drive y **Docs** reemplazaron para muchos usuarios (como el que les escribe) al clásico *Microsoft Office*. Las aplicaciones como **Documentos, Planillas** y **Presentaciones** ofrecen una cantidad de herramientas avanzadas que merece explorarse.

Analizamos también el uso de herramientas más orientadas a marketing y negocios, como **Google Analytics**, **Ads** y **Trends**, para saber la llegada de nuestros sitios web, hacerlos conocer y ver qué es lo que busca la gente. Todas estas herramientas son gratuitas y están a un click de distancia, ¡sólo hay que aprender a utilizarlas!

Miguel Lederkremer (@leder)
Director Editorial

facebook.com/redusers
twitter.com/redusers
instagram.com/reduserscom/
redaccion@redusers.com

Marín, Carolina
Mundo Google / Carolina Marín. - 1a ed . - Ciudad Autónoma de Buenos Aires: Six Ediciones, 2019.
144 p.; 28 x 20 cm. - (Guías USERS; 8)

ISBN 978-987-4958-15-0

1. Buscadores. I. Título.
CDD 004.678

TÍTULO
Mundo Google

AUTOR
Carolina Marín

EDICIÓN
Claudio Peña Millahual

DISEÑO Y PRODUCCIÓN
Gustavo De Matteo

COLECCIÓN	Users Guías Prácticas
FORMATO	28 x 20 cm
PÁGINAS	144
ISBN	978-987-4958-15-0

 Impreso en Argentina. Libro de edición argentina. Primera impresión realizada en Casano Gráfica S.A. - Ministro Brin 3932 (1826) R. de Escalada (Lanús) Prov. de Buenos Aires - Argentina, en VII, MMXIX.

Mundo Google

Cómo aprovechar al máximo sus herramientas gratuitas

PRELIMINARES

NAVEGADOR Y BUSCADOR

DRIVE Y GMAIL

MAPS Y EARTH

YOUTUBE

OTROS PRODUCTOS DE GOOGLE

SEO

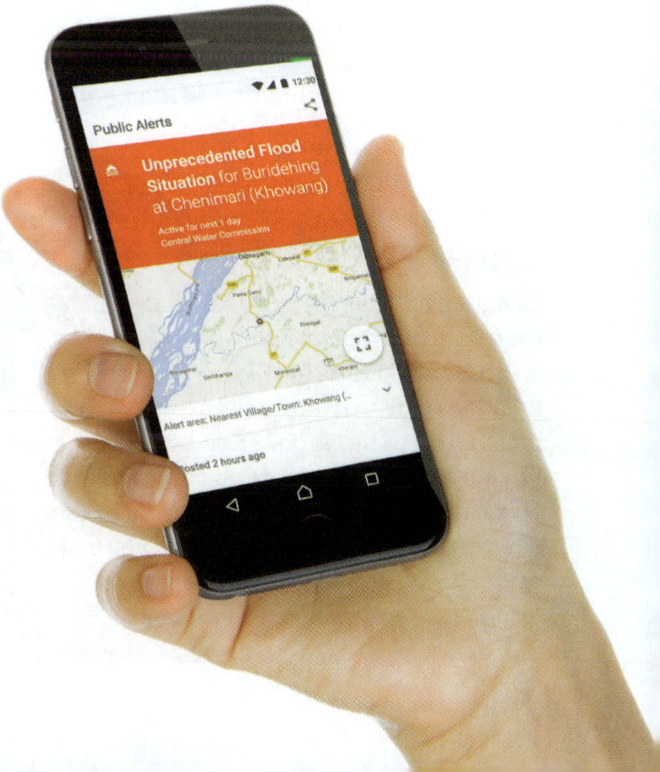

Historia de Google

Google LLC es una compañía estadounidense de tecnología multinacional, especializada en productos y servicios relacionados con Internet, software, dispositivos electrónicos y otros aspectos técnicos. Fue fundada en 1998 por Larry Page y Sergey Brin, estudiantes de la Universidad de Stanford, California.

Google tiene alrededor de 60.000 empleados. Es una de las empresas que más puestos de trabajo generan en el año; tanto es así, que recibe cerca de tres millones de currículum anuales. ¿Por qué tanto interés en pertenecer al gigante? Las oficinas de Google son conocidas por su impronta "cool" y una larga lista de beneficios que tienen quienes trabajan allí. Además, ¿quién no querría desempeñarse en la compañía más valiosa del mundo? Según un informe publicado por BrandZ, sobre las 100 marcas globales más valiosas de 2018, la firma de Page y Brin lidera el podio con un valor de USD 302.063 millones, pero ¿cómo comenzó todo?

Línea de tiempo

1995 Larry y Sergey comienzan a trabajar en el Digital Library Project de la Universidad de Stanford, en la creación de un algoritmo para la búsqueda de datos.

1996 Empiezan a desarrollar un buscador llamado BackRub.

1997 Page y Brin deciden cambiar el nombre de su buscador a Google.

1998 En agosto, el tercer cofundador de Google, Andy Bechtolsheim, emite un cheque por USD 100.000 a nombre de Google, una compañía inexistente en ese momento.

1999 Consiguen 25 millones de dólares de dos importantes inversionistas: Sequoia Capital y Kleiner Perking Caufield & Buyers.

2000 Google realiza su primera broma del Día de los Inocentes de los Estados Unidos: anuncia MentalPlex, un sistema mediante el cual el buscador lee la mente de los internautas y efectúa la búsqueda deseada.

2001 Google ya está disponible en 26 idiomas. En julio lanza Google Imágenes, que da acceso a más de 250 millones de imágenes.

2002 Klingon, el idioma utilizado en Star Trek, se convierte en febrero en la 72° lengua en que está disponible el megabuscador.

2003 Se elige "google" como la palabra más útil de 2002. En febrero, la empresa compra Pyra Labs, creadores de Blogger.

Larry Page

La madre de Page fue profesora de programación en la Universidad de Michigan, y Carl V. Page, su padre, profesor de Ciencias de la Computación e Inteligencia Artificial; este último, campo en el que fue pionero y una autoridad. La pasión de Page por las computadoras y la informática empezó a los seis años, y su interés por la tecnología y los inventos, a los doce.

"Nuestra misión es organizar la información del mundo y hacer que sea útil y accesible para todos." Google

2004 En enero, Google comienza su incursión en redes sociales con Orkut. Más tarde lanza Google Local. En septiembre ya supera los 100 dominios. El 31 de marzo de 2004, Google lanza Gmail en fase beta.

2005 Llega Google Maps. La empresa da a conocer la búsqueda web para celulares. También la firma presenta Google Earth.

2006 Google agrega chat a Gmail. Llega Calendar. La palabra "google" se añade al Oxford English Dictionary como verbo; ese mismo mes, la empresa lanza Checkout, un servicio para pagar compras en línea. Se da a conocer Google Apps y se anuncia la compra del que se convertiría en uno de sus productos estrella: YouTube.

2007 El 14 de febrero Gmail se abre para todos los usuarios (en un principio, solo se podía sacar una cuenta a través de la invitación de otro usuario). También llega Street View, con cobertura en cinco ciudades de los Estados Unidos. Antes de cerrar el año, aparece Android.

2008 El 2 de septiembre se lanza Google Chrome. Debuta Google Sites, que permite crear sitios web colaborativos con videos, documentos y calendarios. Se presenta Gmail Labs, un conjunto de funciones experimentales de Gmail.

2009 Se saca de la versión beta a Gmail, Google Calendar, Google Docs y Google Talk. Al mismo tiempo, se anuncia el desarrollo de Google Chrome OS.

2010 Llega al mercado el primer Nexus. Se conoce Google TV, construido sobre Android y Chrome, para ofrecer navegación sobre canales de televisión, sitios web, aplicaciones, espectáculos y películas.

2011 Después del devastador terremoto en Japón se incluye un buscador de personas y una página de información con vínculos a otras donde se pueden realizar donaciones. Se lanza el proyecto Google+. Los pagos móviles llegan a Google gracias a Wallet.

2012 Nube para todos con Google Drive.

2013 Llega Google X dando sus primeros frutos: Google Glass.

2014 Google compra SlickLogin y firma la adquisición de Skybox Imaging.

2015 Google Inc. se reestructura y se convierte en Alphabet.

2016 Google Now evoluciona y se convierte en Google Assistant. Google Home representa la llegada de Internet al hogar.

2019 Google obtiene autorización para funcionar como entidad de pago.

Sergey Brin

Hijo de Eugenia Brin y del profesor de Matemáticas en la Universidad de Maryland, Michael Brin. Emigró a los Estados Unidos cuando tenía solo 6 años. Su padre alentó su interés por las matemáticas, para las que siempre tuvo disposición. Después del instituto, se matriculó en la Universidad de Maryland para estudiar Ciencias Matemáticas y Ciencias de la Computación.

Productos y servicios

Google ha cambiado el mundo desde su nacimiento hace 21 años, cuando se registró como empresa y lanzó su producto estrella: un buscador inteligente capaz de analizar la cantidad y calidad de los enlaces que llevan a las webs para determinar su relevancia, el llamado pagerank.

El principal producto de Google es el **motor de búsqueda de contenido** en Internet, del mismo nombre. Google es capaz de procesar más de 1000 millones de peticiones de búsqueda diarias, y su motor es el sitio web más visitado a nivel mundial. Está considerado el mejor buscador de la historia de Internet. La empresa también posee otros productos y servicios, como el correo electrónico Gmail; sus servicios de mapas Google Maps, Google Street View y Google Earth; el sitio web de videos YouTube, y otras utilidades web como Google Libros o Google Noticias, Google Chrome y la red social Google+ (recientemente eliminada). Google lidera el desarrollo del sistema operativo Android, orientado a teléfonos inteligentes, tabletas, televisores y automóviles y en gafas de realidad aumentada, las Google Glass. Su eslogan es "Do the Right Thing" ("haz lo correcto").

Productos y servicios

Cuenta de Google	Es una cuenta de usuario que permite acceder a servicios que son propiedad de Google, tales como Blogger, YouTube y Google Groups.
Buscador web de Google	Es un motor de búsqueda en la Web, el principal producto de Google y el más utilizado.
Google Maps	Servicio que permite visualizar el mundo a través de imágenes vía satélite, imágenes de mapas o la combinación de ambas.
YouTube	Sitio donde los usuarios pueden subir y ver videos de todo tipo.
Google Play	Es una tienda online de dispositivos electrónicos y accesorios (según la región), aplicaciones Android, música, películas y libros.
Google Noticias	Servicio automatizado de recopilación de noticias.
Gmail	Servicio de mensajería (correo).
Google Drive	Servicio de alojamiento de archivos.
Google Docs	Sitio web donde los usuarios pueden descubrir, subir y compartir documentos de Office en su página de perfil de Microsoft o Facebook, de manera similar al de una red social corporativa.
Google Calendar	Agenda que permite tener distintos calendarios diferenciados por colores.
Google+	Red social (recientemente eliminada).
Traductor de Google	Herramienta web destinada a traducir textos entre un gran número de idiomas.
Google Fotos	Aplicación informática para el intercambio de fotografías y videos, y servicio de almacenamiento de Google.
Google Shopping	Sitio web que integra un motor de comparación de precios, inscrito para Google.
Google Libros	Servicio de Google que busca el texto completo de los libros que escanea. Convierte el texto por medio de reconocimiento óptico de caracteres y lo almacena en su base de datos en línea.
Blogger	Servicio que permite crear y publicar una bitácora en línea.
Contactos de Google	Herramienta para la administración de contactos de Google que se encuentra disponible en su servicio gratuito de correo Gmail.
Hangouts	Servicio multiplataforma de mensajería instantánea.

Para empresas

Google AdWords	Herramienta rápida y fácil de utilizar que permite crear anuncios.
Google Apps for Work	Es un servicio de Google que proporciona varios productos con un nombre de dominio personalizado por el cliente.
AdSense	Servicio para administradores de páginas web y empresas de publicidad vía Internet.

Otra información

Google Earth	Programa informático que permite visualizar fotos del planeta, combinando imágenes de satélite, mapas y el motor de búsqueda de Google.
Panoramio	Mashup dedicada a exhibir las fotografías de lugares o paisajes que los propios usuarios crean y georreferencian.
Google Académico	Buscador de Google enfocado en el mundo académico que se especializa en literatura científico-académica.
Tendencias de búsqueda de Google	Es una herramienta de Google Labs que muestra los términos de búsqueda más populares del pasado reciente.

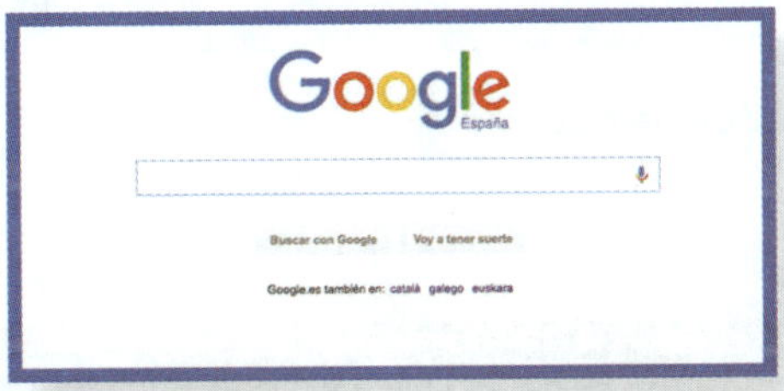

Web

Google Chrome	Es el software navegador de la empresa Google. Es el navegador más utilizado en Internet.
Barra Google	Es una barra de herramientas de búsqueda en Internet que solo está disponible para Internet Explorer y Firefox.
Marcadores de Google	El servicio permite al usuario guardar sus sitios web favoritos para leerlos más tarde, así como organizarlos mediante etiquetas y notas.

El GSC (*Google Summer of Code*) es un evento que se realizó por primera vez en el verano de 2005, en el que Google paga dinero en efectivo a los estudiantes que completan un proyecto de software libre.

Medios

Google Imágenes	Es una especialización del buscador principal para imágenes.
Google Videos	Es una especialización del buscador principal para videos. Contiene en su interfaz distintas herramientas de búsqueda, que sirven para filtrar los resultados.
Picasa	Fue un organizador y visor de imágenes. La aplicación sigue funcionando pero ya no tiene soporte por parte de Google.

Google, al igual que Facebook, Amazon y Apple, apuesta a convertirse en la plataforma universal de Internet.

Hogar y oficina

Google Sites	Permite crear un sitio web o una intranet de una forma tan sencilla como editar un documento.
Google Keep	Es una aplicación que permite organizar la información personal a través del archivo de notas.

Googleplex

Este es el nombre que reciben las instalaciones en donde los empleados de Google realizan su trabajo. La oficina central se encuentra en Mountain View, California, pero hay otras repartidas en el mundo.

Infraestructura

Su infraestructura principal está compuesta por varios centros de datos que funcionan con la distribución RedHat del sistema operativo GNU/Linux.

Social

Grupos de Google	Interfaz web para el veterano sistema de foros clasificados jerárquicamente llamado Usenet.

Sistemas operativos

Android	Sistema operativo basado en el núcleo Linux.
Chrome OS	Es un proyecto llevado a cabo por la compañía Google para desarrollar un sistema operativo basado en la Web.

Dispositivos

Nexus	Google tuvo una gama de dispositivos denominada Nexus. El primer equipo de este tipo fue el teléfono inteligente.
Chromebook	Computadora personal que trabaja con el sistema operativo Chrome OS.
Chromecast	Dispositivo de streaming multimedia que trabaja con el sistema operativo Chrome OS.
Google Pixel	Es una serie de teléfonos inteligentes que comenzó con el Pixel y Pixel XL en el año 2016, y continuó con Pixel 2 en 2017.

De un garaje a las mejores oficinas del mundo

Según dijo una portavoz de Google al New York Times, los diseñadores de las oficinas de la empresa tienen un solo objetivo: “crear el lugar de trabajo más feliz y más productivo del mundo”. Es así que alrededor del planeta hay oficinas con diseños sumamente extraños.
Un ejemplo son las de Nueva York, que parecen un divertido parque inspirado en la propia ciudad y ocupan un edificio entero. Los más de 3000 empleados que allí trabajan pueden recorrer en scooters los casi 270.000 m^2 de superficie.
Y pensar que todo comenzó en Menlo Park, en una casa de un solo piso en la Avenida Santa Margarita. Allí los cofundadores de Google alquilaron el garaje de Susan Wojcicki, hoy vicepresidente senior de Google, quien acababa de egresar de la escuela de negocios y temía no poder pagar su hipoteca.

Herramientas de Google poco conocidas

Google tiene muchas herramientas, funciones y plataformas que nos permiten optimizar recursos y tiempo. Podría decirse que el gigante abarca casi todas las áreas, desde educación, medios, marketing, salud, seguridad, y más. Compartimos 10 herramientas que nos parecen esenciales, y estamos seguros de que facilitarán la vida de nuestros lectores.

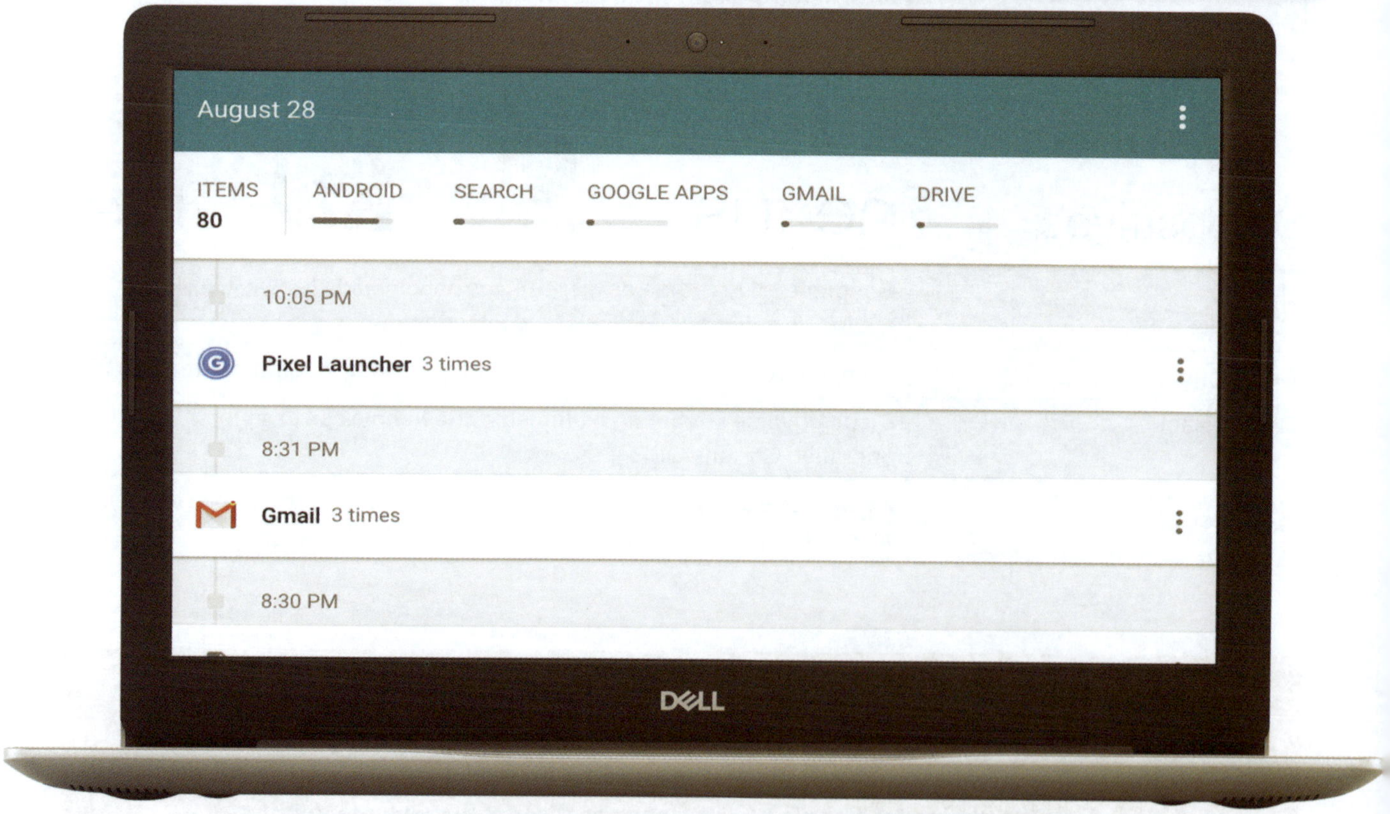

1
My Activity

Es una herramienta que permite seguir y borrar el rastro virtual de las actividades realizadas en Google. Muestra en orden cronológico el contenido que hemos buscado, visitado y mirado en los servicios del buscador. El objetivo, según la compañía, es darle el control al usuario sobre lo que almacena, y ofrecerle la posibilidad de eliminar aquella información que considere comprometida.

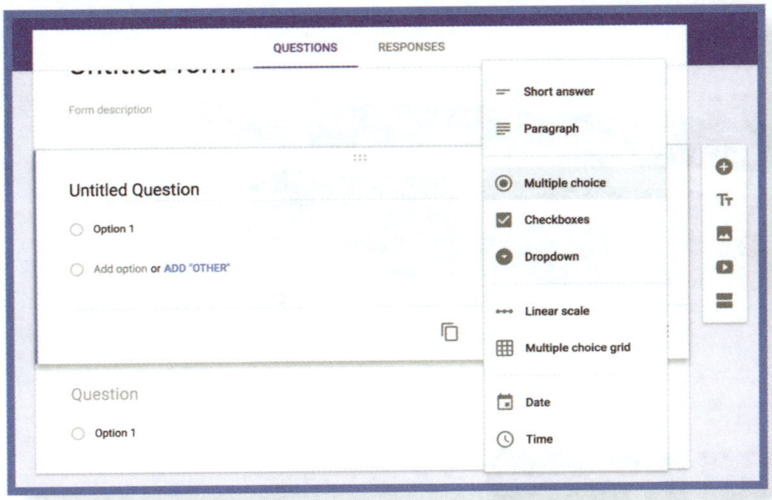

2
Google Forms

Sirve para realizar formularios y encuestas de forma gratuita, y resulta muy útil para hacer estadísticas o recabar información. Los formularios se pueden incrustar en sitios web.

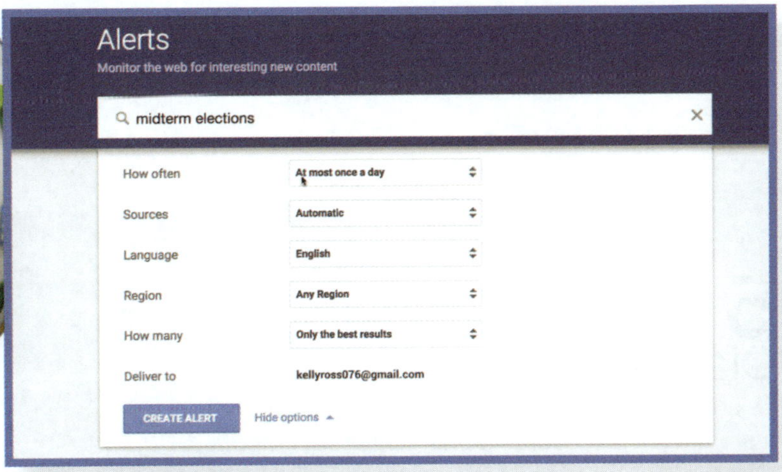

3
Google Alerts

Es un servicio de supervisión de contenidos que, automáticamente, notifica al usuario cuando el nuevo contenido de noticias, web, blogs, video y/o grupos de discusión coincide con un conjunto de términos de búsqueda que este haya seleccionado (alertas). Las notificaciones pueden ser enviadas de dos maneras: por correo electrónico o como un vínculo web.

Google Alerts es un servicio de alertas personalizado que se basa en los contenidos que indexa el motor de búsquedas.

4
Google Trips

Es una aplicación para planificar viajes y vacaciones, que sugiere actividades en los sitios cercanos, y permite organizar vuelos y hoteles.

5
Classroom

Es una plataforma gratuita educativa que permite a alumnos y profesores comunicarse fácilmente dentro y fuera de los centros educativos. Incluye Google Docs, Gmail y Google Calendar.

6
YouTube Kids

Es la versión de YouTube dirigida a los niños, con selecciones de contenido, características de control parental y un filtro de videos que no son apropiados para ciertas audiencias. La aplicación está dividida en cuatro categorías: Recomendado, Shows, Música y Educación.

7
Google Books

Es un servicio de Google que busca el texto completo de los libros que la empresa digitaliza, convierte el texto por medio de reconocimiento óptico de caracteres y lo almacena en su base de datos en línea.

8
Google Fit

Es una plataforma para registro y monitoreo de la actividad física. Se puede conectar a otros dispositivos y aplicaciones para combinar todos los datos. Las actividades recopiladas (como ciclismo o carrera) son evaluadas contra la meta fitness del usuario, para proveer una vista comprensible de su forma física.

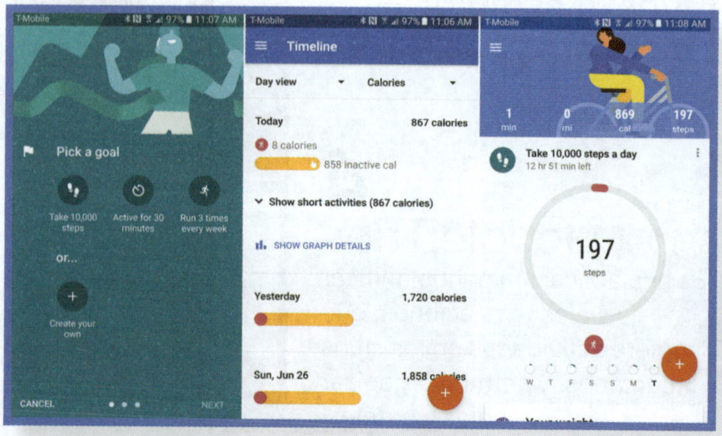

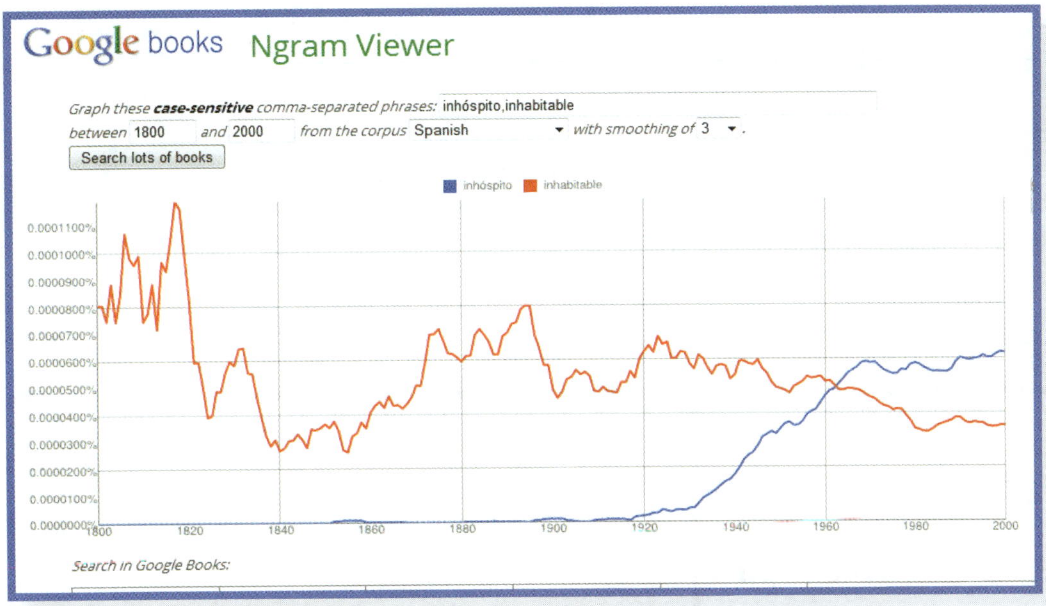

9 Google Ngram Viewer

Permite buscar palabras clave en millones de libros. La herramienta muestra los resultados en un gráfico con aquellas frases que se encuentran en un grupo de libros (en diferentes idiomas) entre los años seleccionados. También tiene opciones avanzadas, tales como buscar palabras clave como partes específicas de un dialecto, o poder combinar estos términos.

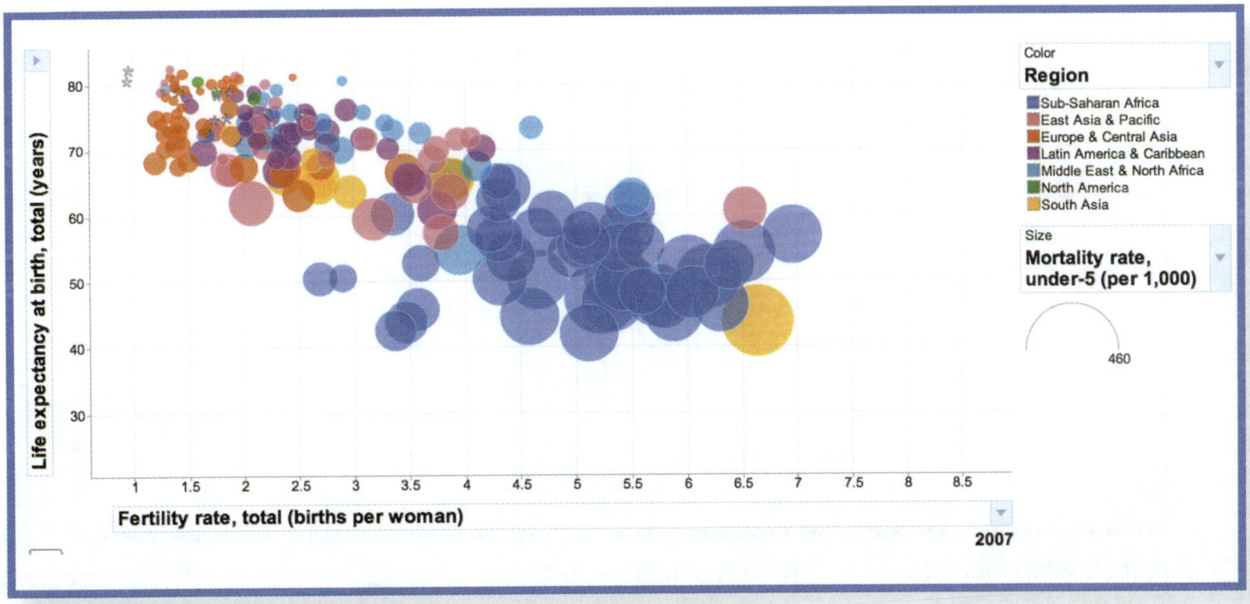

10 Google Public Data Explorer

Proporciona datos públicos y pronósticos de una variedad de organizaciones internacionales e instituciones académicas, como el Banco Mundial, la OCDE , Eurostat y la Universidad de Denver. La información puede mostrarse como gráficos de líneas, gráficos de barras, diagramas de sección transversal o en mapas.

Controlar nuestra actividad

¿Cuántas veces nos hemos preguntado qué es lo que Google sabe de nosotros? Imaginemos poder controlar esa información. Tenemos una buena noticia: es posible hacerlo. No solo conocer lo que el gigante sabe de nosotros, sino también controlar esa info, y lo mejor de todo: borrar el contenido que nos comprometa.

¿Cómo acceder a My Activity?

1 El primer paso es iniciar sesión en Google y acceder a la dirección **myactivity.google.com** desde el navegador.

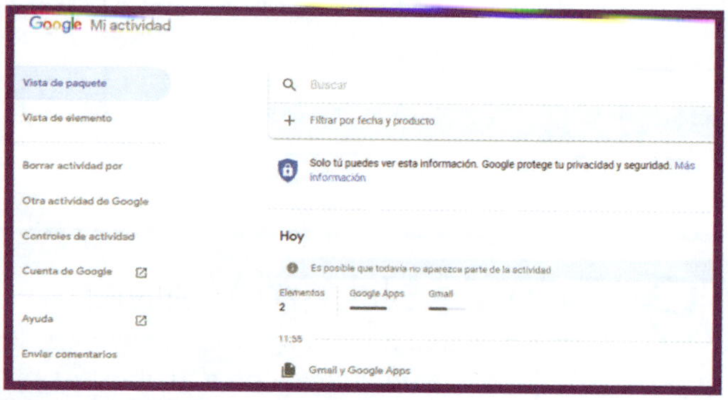

2 Una vez dentro de **My activity** nos encontramos con esta pantalla.

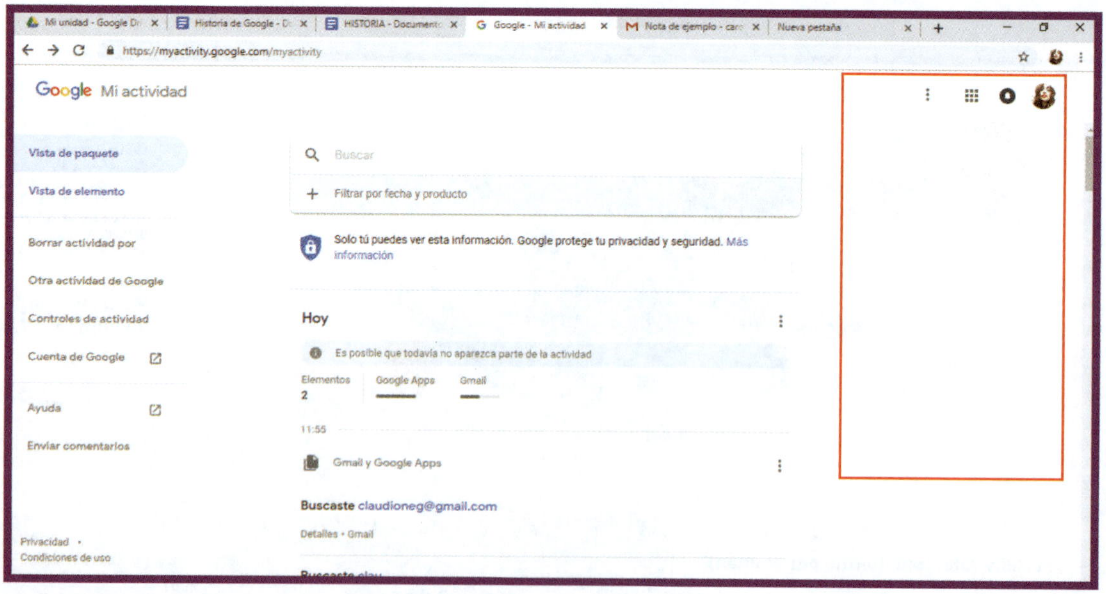

3 En la columna izquierda vemos el listado de las acciones que la plataforma nos permite controlar y borrar. Desde aquí podemos eliminar o regular nuestra actividad en todos los servicios de Google.

4 En la columna central vemos las búsquedas realizadas en todos los servicios de Google, ya sea buscador, YouTube, correo, etc. También figuran los sitios que hemos visitado. Todo está ordenado cronológicamente.

5 Desde la parte derecha, en el extremo superior, hacemos clic en los tres puntitos y se abre una pantalla con las mismas opciones de la columna izquierda.

Ver nuestra actividad

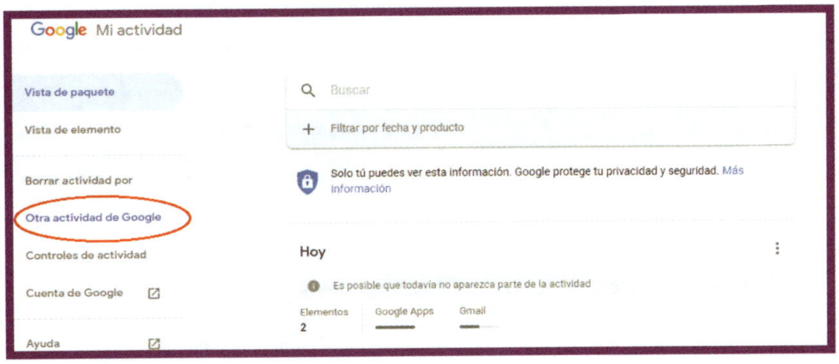

1 En la columna izquierda, accedemos a **Otra actividad de Google**.

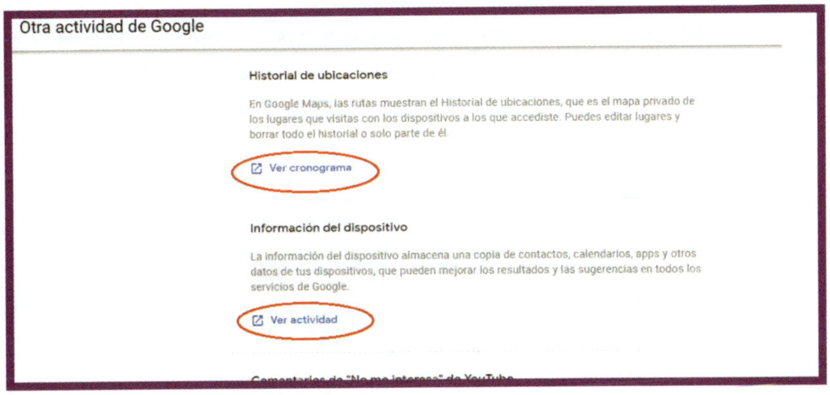

2 Veremos la siguiente pantalla, con la lista de las búsquedas en los diferentes productos de Google.
Para acceder al listado de cualquiera de las actividades, solo debemos dar clic en **Ver cronograma** o **Ver actividad**, según corresponda.

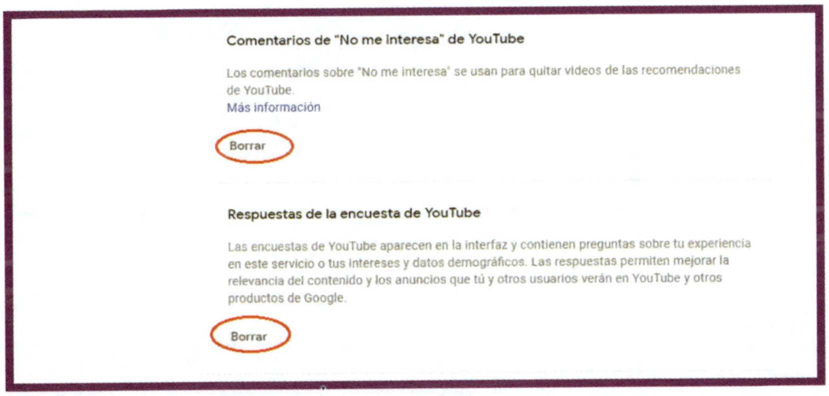

4 En el mismo sitio, un poco más abajo, tenemos acceso a borrar nuestra actividad en YouTube, comentarios, respuestas a encuestas y me gusta o “no me interesa”.

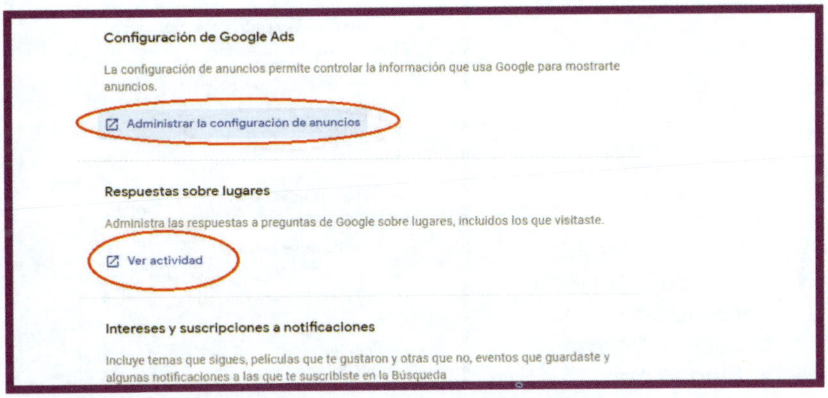

5 Si seguimos bajando, encontraremos la posibilidad de configurar los anuncios que Google nos muestra, para lo cual solo debemos presionar en **Administrar la configuración de anuncios**.

Configurar los anuncios

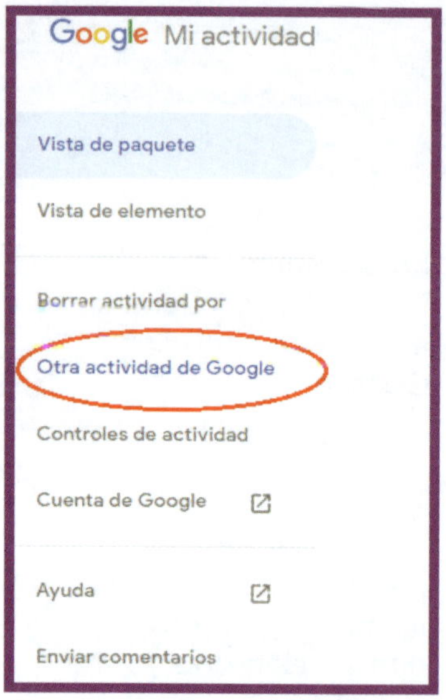

1 Accedemos desde la columna izquierda a **Otra actividad de Google** y bajamos hasta encontrar **Administrar** la configuración de anuncios. Veremos la siguiente pantalla.

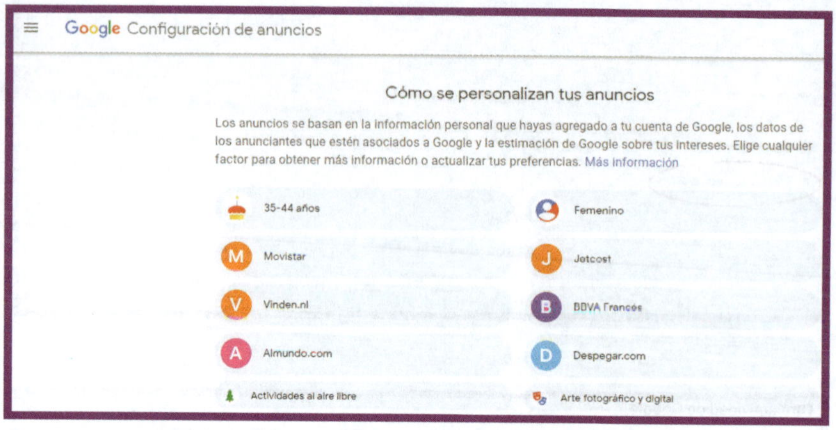

2 Google nos mostrará el listado de marcas de las que recibimos anuncios (que corresponde a sitios y apps que hemos visitado).

3 Haciendo clic en cualquiera de ellas, se abre una ventana emergente y allí podemos desactivar los anuncios.

Borrar nuestra actividad

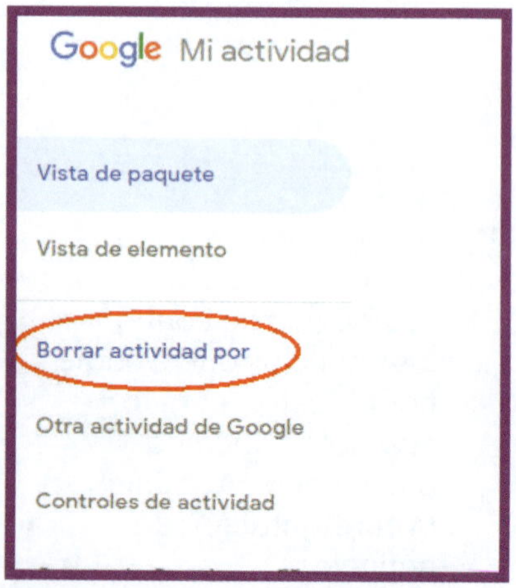

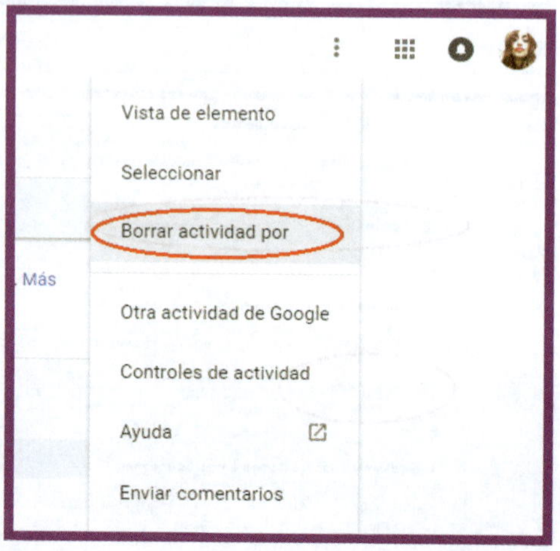

1 Desde la columna izquierda o del lado derecho podemos acceder a **Borrar actividad por**.

2 Veremos la siguiente pantalla, desde donde debemos indicar qué productos eliminar y establecer las fechas.

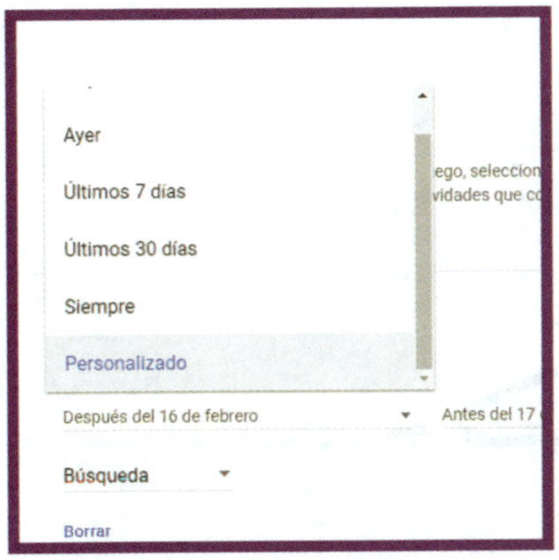

3 Podemos seleccionar: hoy, ayer, últimos 7 días o últimos 30. También podemos elegir la opción de personalizar; en tal caso debemos seleccionar (manualmente) el período que queremos borrar.

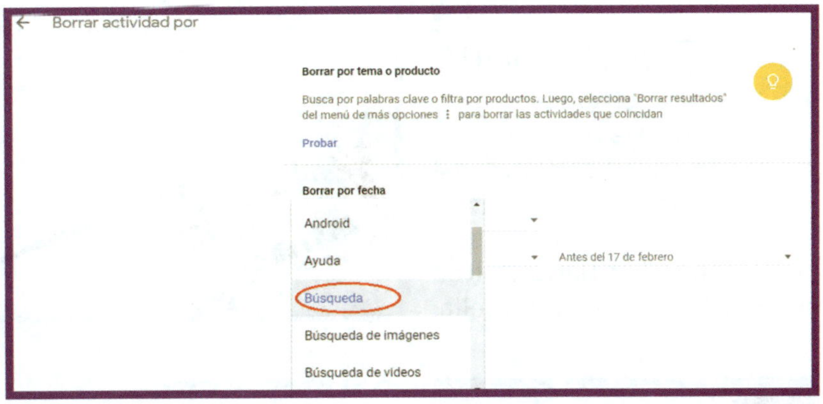

4 Una vez que lo elegimos, seleccionamos el producto.

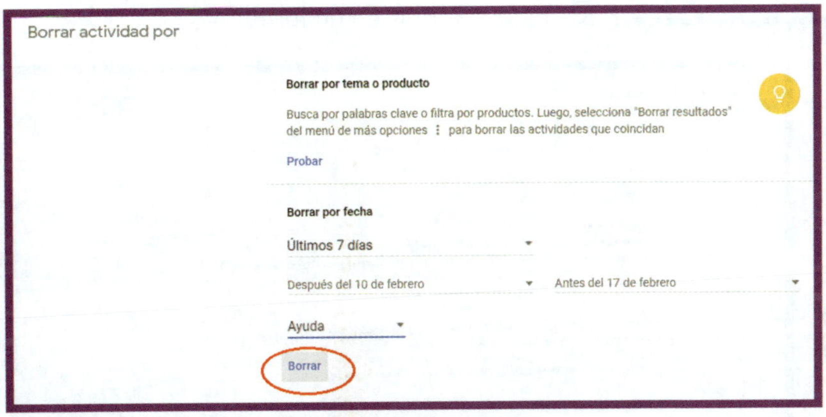

5 Ahora solo nos resta hacer clic en **Borrar**. La plataforma borrará solo el producto seleccionado dentro de las fechas elegidas.

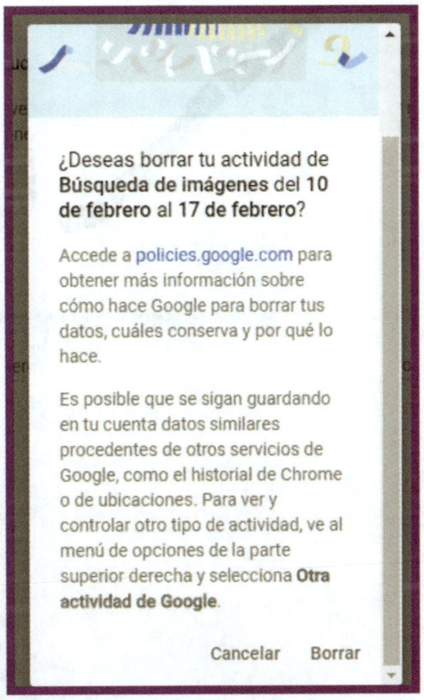

6 Se abrirá una ventana para confirmar o cancelar el procedimiento; hacemos clic y listo.

14 trucos de Google que te sorprenderán

Google ha sabido posicionarse y diferenciarse como marca, no solo por todo lo que mejoró nuestras vidas durante estos 21 años, sino también por transmitirnos su espíritu. Lo vimos en sus oficinas creativas e inspiradoras, y ahora vamos a verlo en ciertos trucos que tiene el gigante.

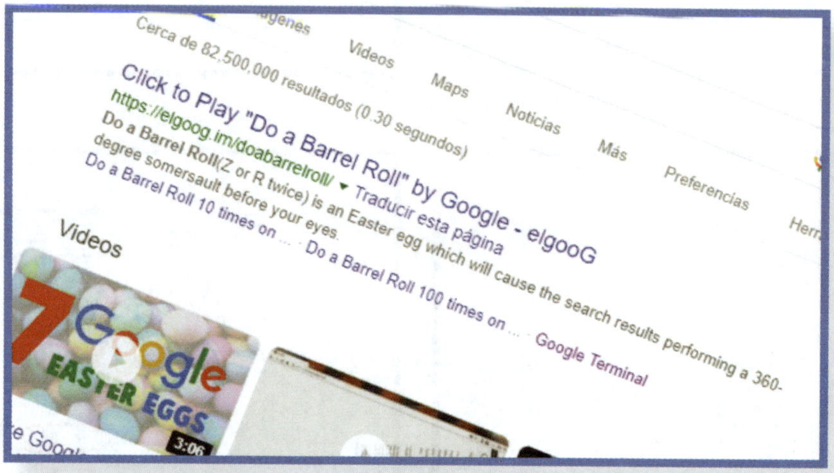

1 Dar la vuelta

Do a Barrel Roll se traduce como "da una vuelta", y hace referencia a una maniobra aérea acrobática en la que el avión gira 360° respecto a su eje. Si ingresamos **Do a Barrel Roll** en el buscador, todo se dará vuelta.

2 Google Gravity

Al escribir **Google Gravity** y presionar en el primer enlace, todo cae, como si estuviéramos en un terremoto.

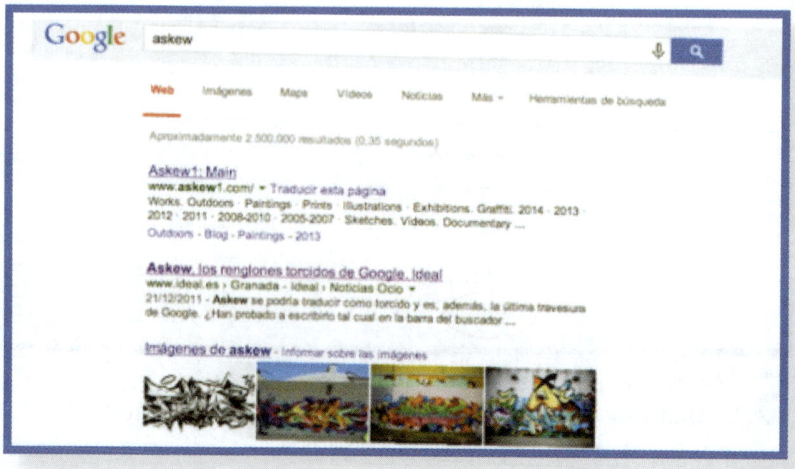

3 Truco Askew

Si escribimos **Askew** en el buscador, perderemos la simetría y la pantalla quedará torcida.

4 Indicar frases exactas

Si escribimos una palabra o frase entre comillas, obligamos al buscador a realizar la búsqueda de esa palabra o frase exacta.

5 Atari Breakout

Cuando hacemos una búsqueda de imágenes de **Atari Breakout**, los resultados se convertirán en una cuadrícula de colores similar a la del juego Breakout. Podemos controlar una raqueta con el mouse para tirar una pelota y destruir las imágenes.

6 Zerg rush

Al teclear **zerg rush** en el buscador, vemos que los resultados de búsqueda son cambiados por círculos. ¿Qué hacer? El juego consiste en eliminar los círculos lo más rápido posible, haciendo clic sobre ellos.

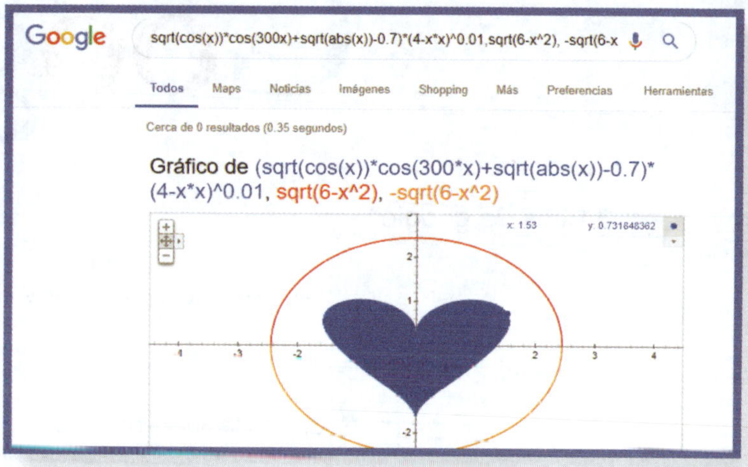

7 Truco ecuación

Este es un truco que puede dejarnos bien con nuestra pareja. Solo debemos darle a él o ella la siguiente ecuación para que la coloque en el buscador **sqrt(cos(x))*cos(300x)+sqrt(abs(x))-0.7)*(4-x*x)^0.01,sqrt(6-x^2),-sqrt(6-x^2) from -4.5 to 4.5**.

8 Sonidos de animales

Este truco es ideal para compartir con niños y niñas. Si escribimos en el buscador **Sonidos de animales**, aparecerán imágenes con sus respectivos sonidos. Apretamos **audio** y listo.

9 Tour Google

¿A quién no le gustaría conocer la primera oficina de Google? Si accedemos al siguiente link, podremos recorrer el garaje donde nació la empresa en 1998. **https://www.google.com/maps/@37.4577469,-122.1635635,2a,80.7y,339.93h,49.3t/data=!3m6!1e1!3m4!1s41dCKVFKORQAAAQrBwciwg!2e0!7i13312!8i6656**

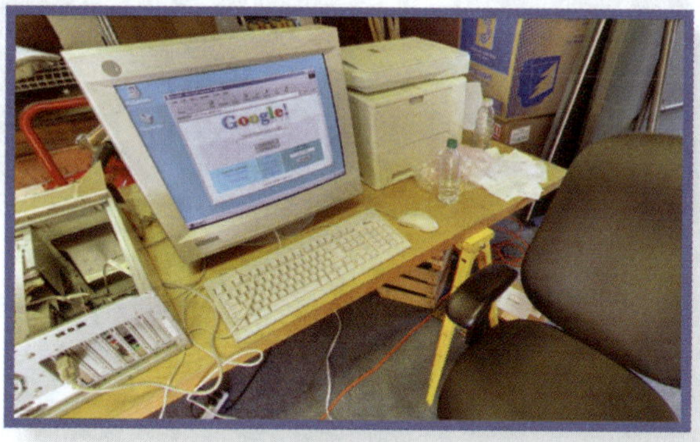

10 El dinosaurio

Cuando nos quedamos sin conexión mientras navegamos por Google Chrome y aparece un T-Rex en la pantalla, mientras esperamos que regrese Internet, podemos jugar con el dino. ¿Cómo? Presionando la barra espaciadora para que empiece a sortear los obstáculos.

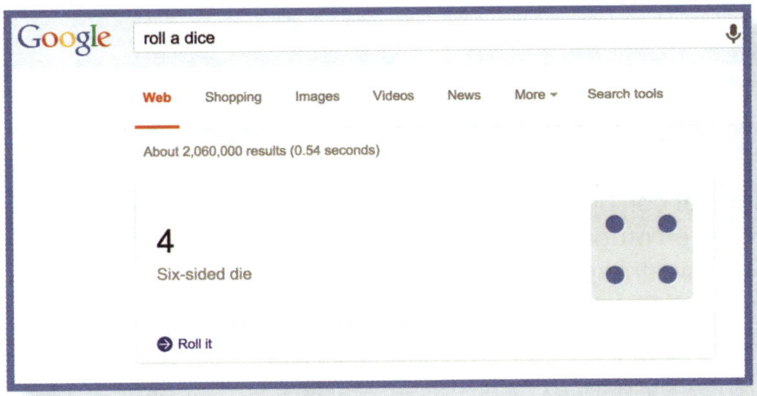

11 Lanzar los dados

Cuidado con este truco, porque no siempre es posible hacerlo. Si escribimos **Roll a dice**, podremos tirar los dados virtualmente.

12 Ruleta de la suerte

Para descubrir este truco, debemos escribir **Google Birthday Surprise Spinner**. Aparecerá una ruleta de la suerte, y con un clic, la hacemos girar.

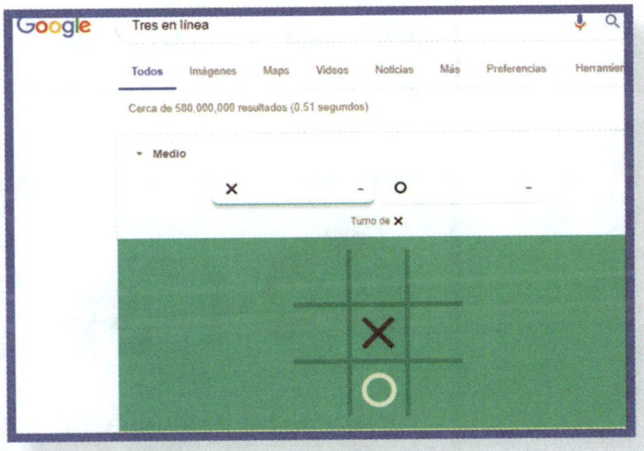

13 Tres en línea

Un juego que pasa de generación en generación, conocido como **Ta-te-ti**, **tres en raya**, **triqui**, etc. ¿Cómo lo jugamos? Sin lápiz ni papel, solo colocando "**tres en línea"** en el buscador.

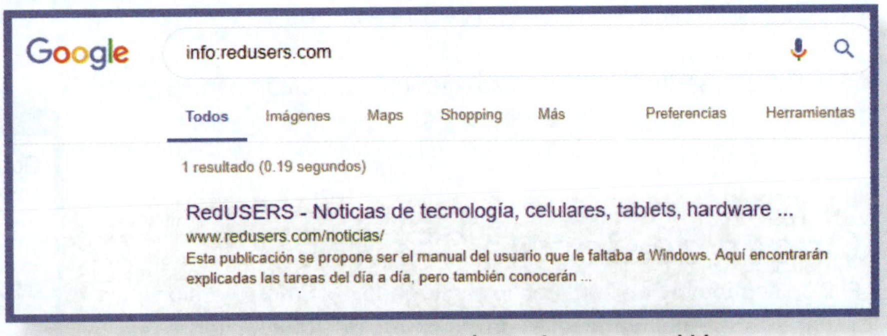

14 Ver toda la información de un sitio

Para ver toda la información de un sitio, basta con ingresar en el buscador: **info: + sitio.**

Navegador Google Chrome

Muchas veces se confunde navegador con buscador, utilizándolos como sinónimos. La diferencia es que el navegador es un programa que instalamos en la computadora para acceder a cualquier sitio web, mientras que el buscador es un sitio web que nos permite encontrar información.

Google Chrome

Es el navegador desarrollado por Google. Su nombre deriva del término en inglés usado para el marco de la interfaz gráfica de usuario (chrome). Cuenta con más de 750 millones de usuarios, y dependiendo de la fuente de medición global, puede ser considerado el navegador más usado de la Web, variando hasta el segundo puesto.

En la actualidad, el número de usuarios aumentó considerablemente y llegó a una cuota de mercado del 54%, lo cual lo convierte en el navegador más utilizado de todo el planeta.

¿Qué son y para qué sirven las extensiones?

Se trata de aplicaciones para realizar tareas muy específicas mientras navegamos. Cuando instalamos Chrome, solo se incluyen algunas extensiones, como YouTube, Mail y Buscador.
¿Para qué sirven? Sencillo: nos permitirán ser más productivos.
Lo ideal es ir agregando las extensiones que mejor se adapten a nuestras necesidades. Hay para todo lo que se nos ocurra. Algunas son creadas por los desarrolladores de Chrome, mientras que otras son desarrolladas por terceros. Hay extensiones gratuitas y pagas. Estos son algunos beneficios de utilizarlas:

- Agregar elementos o funciones nuevas a aplicaciones web existentes.
- Obtener información y vínculos relevantes en las páginas.
- Recibir notificaciones oportunas sobre eventos específicos.
- Podemos usarlas como combinaciones de teclas cuando aparecen en la barra de direcciones.

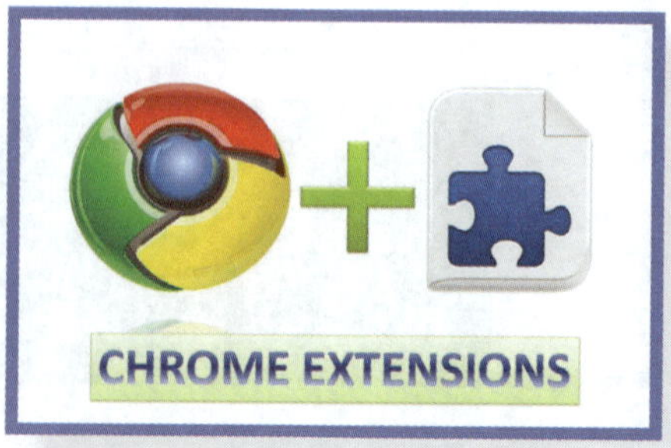

Origen de Google Chrome

El 2 de septiembre de 2008, salió al mercado la primera versión, del tipo beta. Finalmente, el 11 de diciembre de 2008, se lanzó una versión estable al público en general. En la actualidad, el navegador está disponible para Windows, MacOS, Linux, Android e iOS.

¿Qué extensiones tenemos instaladas?

En primer lugar, revisaremos qué extensiones ya tenemos instaladas, para lo cual debemos ejecutar el navegador y realizar los siguientes pasos:

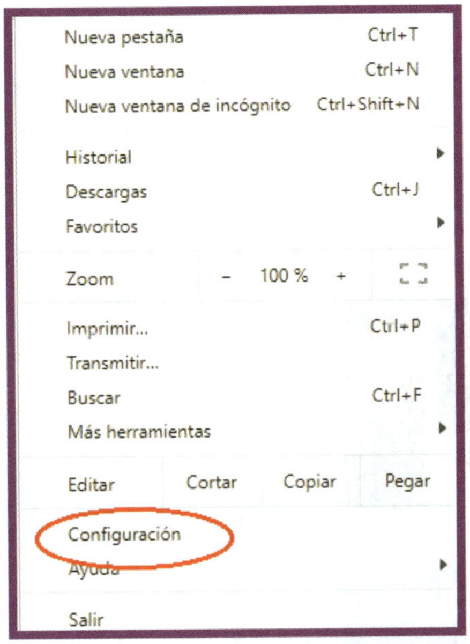

1 Accedemos a **Configuración** desde los tres puntitos ubicados en el extremo superior derecho del navegador.

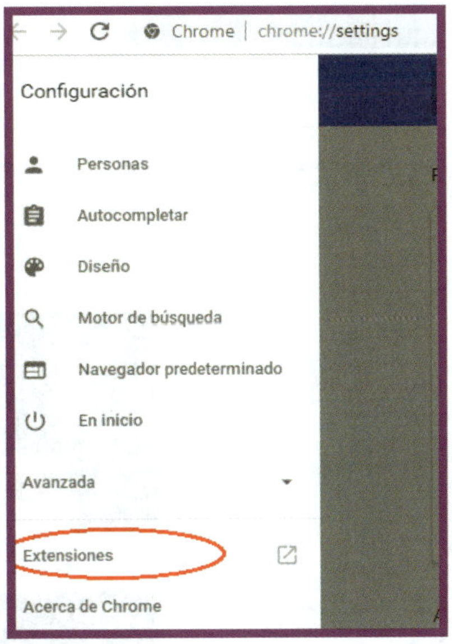

2 Una vez allí, hacemos clic en **Extensiones**.

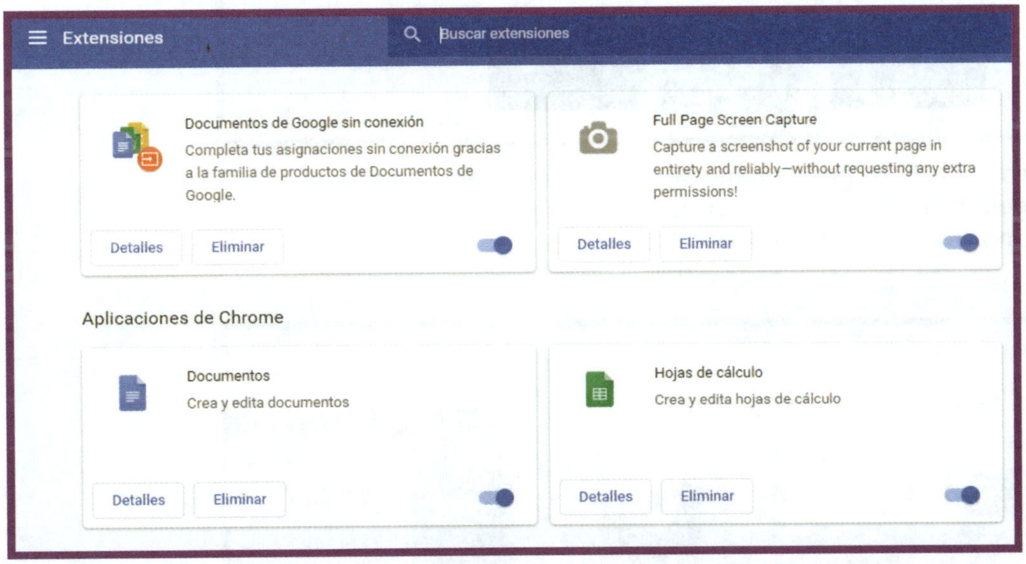

3 Veremos un panel con las extensiones que tenemos instaladas. Cada elemento tiene dos botones: **Detalles** y **Eliminar**. Desde el primero veremos todos los datos de la extensión, y desde el segundo podremos desinstalarlas.

¿Qué es un buscador?

Es un sistema informático que busca archivos almacenados en servidores web. Entre los buscadores más populares encontramos: Google, Yahoo, Bing y Clusty.

Agregar extensiones

Para instalar extensiones en Chrome debemos acceder a **Chrome Web Store**, la tienda de Google, donde encontraremos aplicaciones, extensiones y temas para el navegador. En ella podremos buscar e instalar aquellas que más nos gusten. En los siguientes pasos indicaremos cómo hacerlo.

1 Podemos acceder a la tienda de Chrome desde el sitio **https://chrome.google.com/webstore** o bien desde **Configuración/Extensiones**. Ambas formas nos llevarán al mismo lugar.

2 En la tienda podemos acceder a las extensiones directamente desde la columna izquierda, en la opción **Extensiones**.

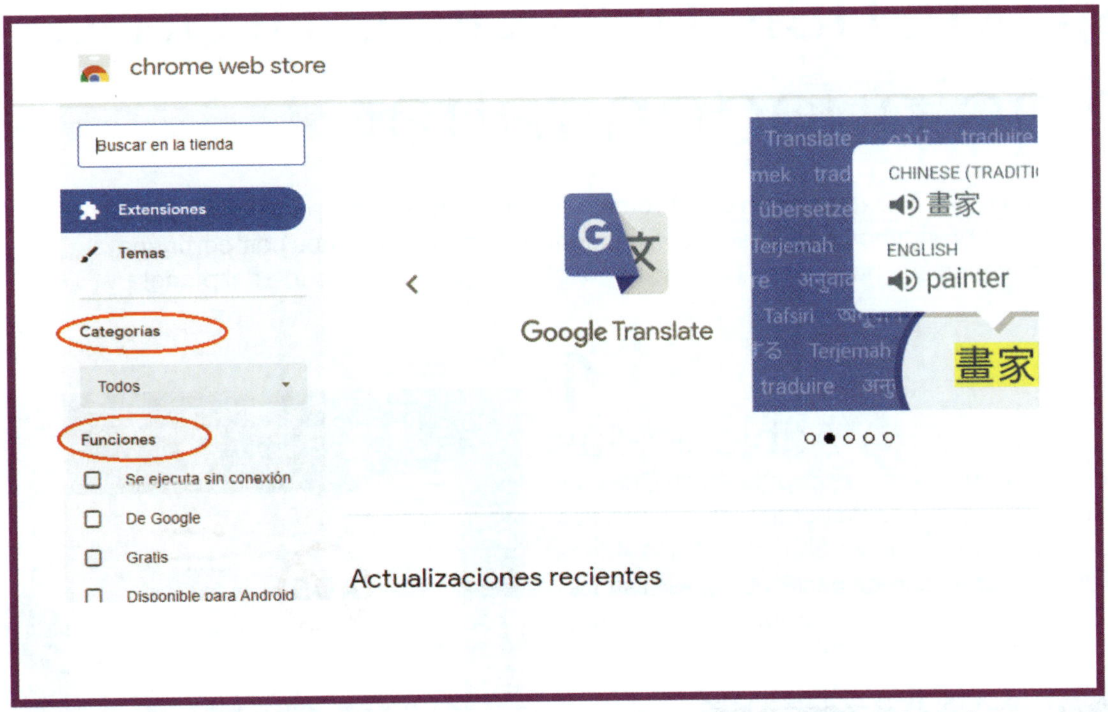

3 Desde la columna de la izquierda podemos seleccionar una de las categorías de extensiones, por ejemplo, extensiones de **Google**, **Gratis**, para **Android**, etcétera.

Los lanzamientos de Chrome son obtenidos a partir de Chromium, el proyecto de software libre que también sirve de base para el sistema operativo Chrome OS.

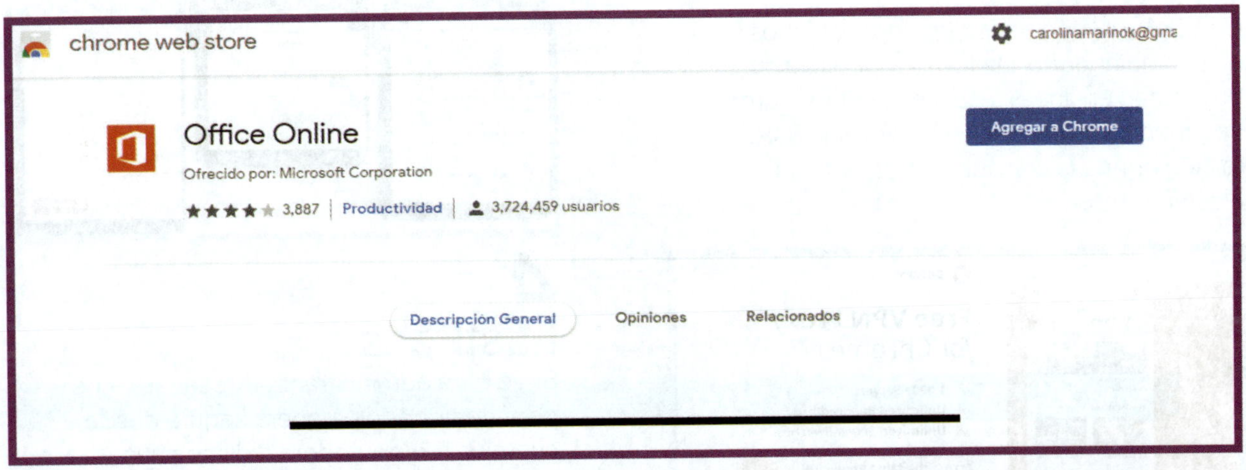

4 Solo debemos hacer clic sobre la extensión que nos guste, y esto nos llevará a una pantalla para ver sus detalles. Desde el botón azul ubicado en el extremo superior derecho seleccionamos **Agregar a Chrome** y listo. Primero se descargará y luego se instalará, en cuestión de segundos.

Las extensiones de Chrome que no pueden faltar

Ya sabemos que las extensiones de Chrome nos permiten ser más productivos en el navegador. Aprendimos a instalarlas y a eliminarlas. Ahora queremos compartir una lista de aquellas que no pueden faltarnos para el navegador más usado del planeta.

1 Adblock Plus

Es una de las extensiones más populares de Chrome, cuya función es bloquear la publicidad de los sitios web. Al instalarla, evitaremos los anuncios en los videos de YouTube, la publicidad de Facebook y las distintas ventanas emergentes.

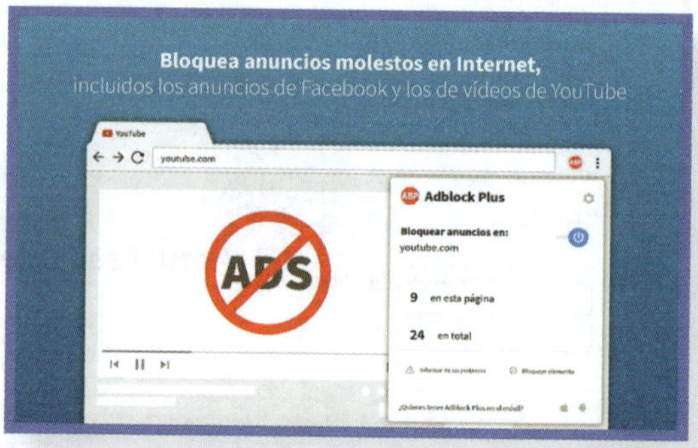

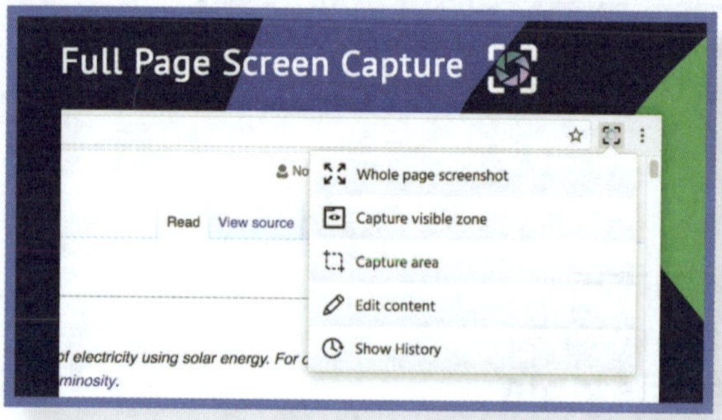

2 Full Page Screen Capture

Permite hacer una captura de pantalla de un sitio web completo. Lo único que tenemos que hacer es abrir la aplicación desde el navegador.

3 DotVPN

Con DotVPN podemos desbloquear sitios web en cualquier parte. De todos modos, ofrece privacidad en línea y el acceso completamente seguro a distintos sitios. Cuenta con TOR, lo cual brinda la oportunidad de navegar en sitios web.

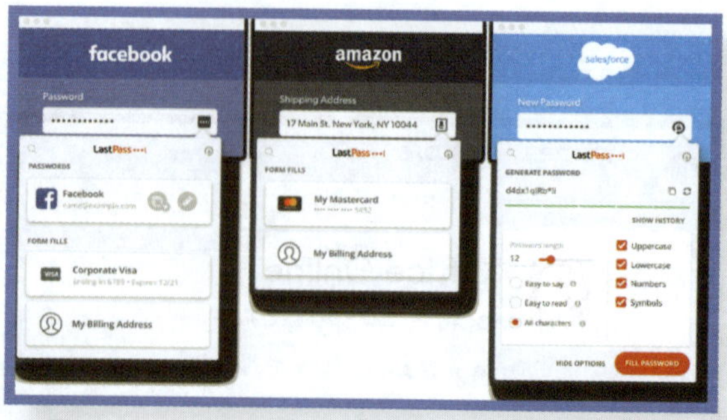

4 LastPass

Sirve para administrar contraseñas y nos permite entrar de manera segura desde cualquier computadora o dispositivo en el que utilicemos Chrome, ya que se sincroniza. La extensión almacena todos los inicios de sesión, con solo una contraseña.

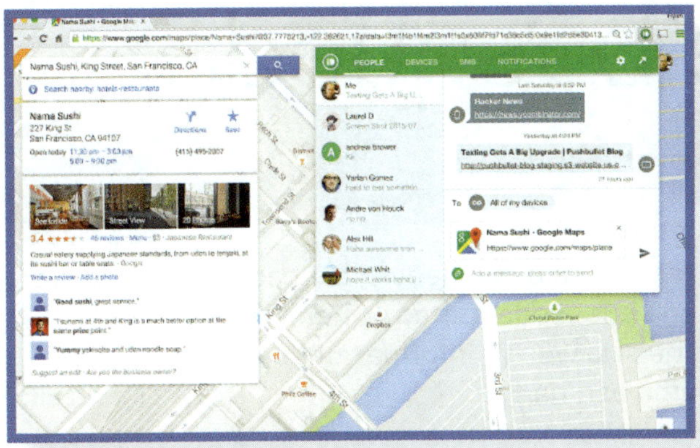

5
Pushbullet

Con Pushbullet podemos enviar enlaces, archivos, datos, imágenes o videos desde la computadora al móvil, y viceversa, sin necesidad de conectar los dispositivos a través de un cable. Además, desde Android podemos enviar y recibir mensajes SMS desde la PC o enviarlos directamente desde la misma extensión al Messenger de Facebook o a WhatsApp. También podemos mandar enlaces sin salir de Chrome.

6
Todoist

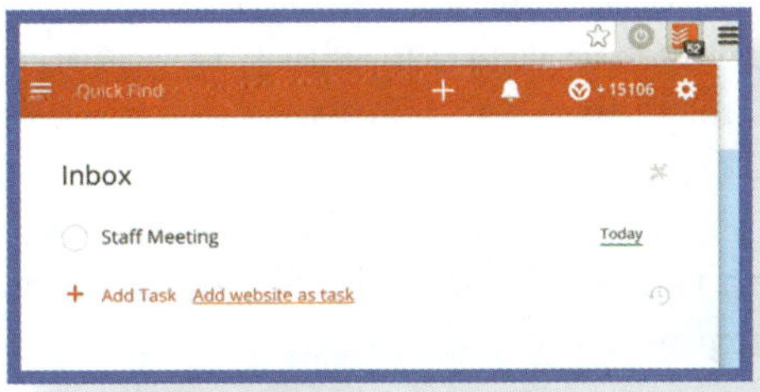

Con esta extensión podemos programar diferentes tareas desde el calendario y crear subtareas dentro de cada uno de nuestros proyectos. Es posible pedir recordatorios de las actividades que tenemos que hacer a través del correo electrónico. La extensión se conecta por nuestra cuenta de Gmail. También permite guardar diferentes enlaces para leerlos en otro momento, y los recibiremos como una tarea programada.

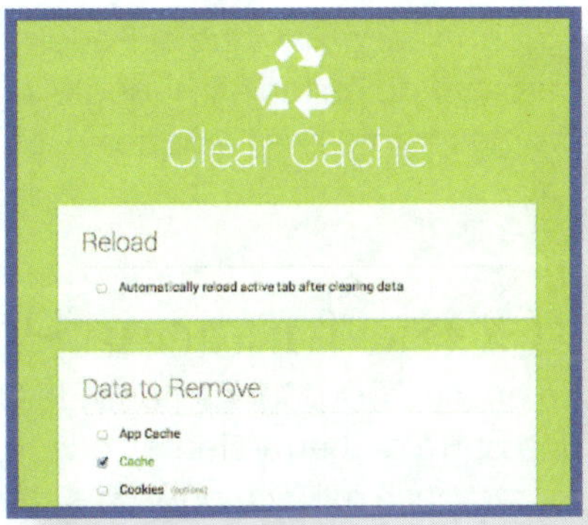

7
Rain Alarm

Se trata de una aplicación disponible en la Chrome Web Store que avisa en tiempo real sobre las precipitaciones que tendrán lugar dentro de poco tiempo en la zona donde estamos ubicados.

8
Clear cache

Se usa para borrar la caché del navegador con un solo clic.

9
Open SEO Stats

Barra de herramientas que nos proporcionará información como la IP de la Web, la velocidad de carga de la página, el ranking, el tráfico, los enlaces y mucho más.

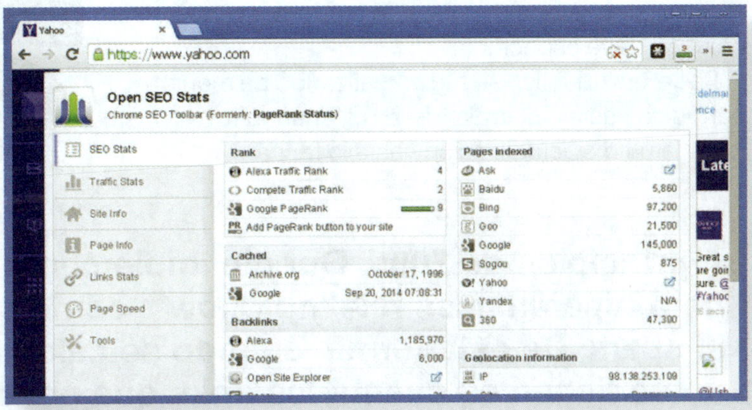

El algoritmo de búsqueda de Google

El algoritmo de Google, llamado PageRank, es la forma que tiene el buscador de posicionar las páginas (y archivos) ante una búsqueda. Como su nombre lo indica, es el "ranking" de Google que decide si la web (o información) buscada aparece en la primera, segunda, cuarta o última página.

El funcionamiento del algoritmo no es algo que se conozca con exactitud, dado que esta es la gallina de los huevos de oro, y como toda fórmula, es necesario mantenerla en secreto. La teoría más difundida es la del PageRank: una familia de algoritmos que sirve para asignar de forma numérica la importancia y relevancia de los documentos o páginas web que aparecerán en la lista.
Algunos aseguran que el PageRank está muerto, pero eso no es tan así. Google sigue teniendo sus propias formas de "ranquear" los websites.

Google ordena los resultados de la búsqueda utilizando su propio algoritmo PageRank. A cada página web se le asigna un número en función de la cantidad de enlaces de otras páginas que la apuntan, el valor de esas páginas y otros criterios no públicos.

¿Cómo funciona PageRank?

En el año 2000 Google lanzó la Google Toolbar, una barra de herramientas que, entre otras cosas, mostraba la métrica pública del PageRank. El PR es una nota del 0 al 10, siendo 10 el máximo (una valoración alcanzada por muy pocas páginas web) que reciben todas las páginas y documentos de la web que estén indexados en Google con el objetivo de saber cuál debería aparecer antes que otra para determinadas búsquedas. Se basa, teóricamente, en el número de links entrantes que recibe determinada página web respecto a una palabra clave específica.
El PageRank público se fue actualizando de manera periódica hasta diciembre de 2013, cuando tuvo lugar la última actualización hasta la fecha.

A principios de 2005, Google implementó un nuevo atributo para hiperenlaces rel="nofollow", como un intento de luchar contra el spam. De esta forma, cuando se calcula el peso de una página, no se tienen en cuenta los links que posean este atributo.

La verdad verdadera

Ahora bien, podría decirse que el PR era lo más importante para el posicionamiento de los sitios, pero eso era hace diez años. Hoy nos damos cuenta de que **no siempre aparecen en primera posición las páginas con mayor PR**; de hecho, **aparecen primero las páginas con buen SEO**. ¿Qué significa esto? El SEO (del inglés, Search Engine Optimization) es un conjunto de acciones orientadas a mejorar el posicionamiento de un sitio web en la lista de resultados de Google. Este conjunto de acciones se resume en consejos de las Guías de Google, y si los seguimos, lograremos las primeras posiciones.

Se dice que hay más de 200 factores que afectan las posiciones en la búsqueda. Los webmasters deben seguir algunas directrices para lograr primeras posiciones. Entre las más conocidas se encuentran las siguientes:

- Optimizar la página de destino hasta crear buenos snippets (parte de la página web formada por título, descripción y URL que aparece en Google).
- Optimizar la densidad de palabras.
- Arquitectura de links internos y externos.
- Uso de atributo "nofollow".

El PageRank

Randfish, uno de los mejores profesionales del SEO, publicó un video explicativo sobre cómo tratar al PageRank y para qué puede servirnos. Al respecto, dice lo siguiente:

- El PageRank (PR) se consulta a través de la Google Toolbar y se actualiza de manera aleatoria; no sigue un orden determinado de actualización.
- No se puede saber el PR actual a no ser que acabe de actualizarse.
- Un Pagerank de 7, por ejemplo, es 8.5 veces más importante que uno de 6, aunque haya solo un escalón de diferencia.
- Mozrank, a diferencia del PageRank, sí ofrece decimales, porque no es lo mismo tener un PR de 6.0 que uno de 6.9.
- El PR tiene muy poca relación con el ranking final de una página determinada.
- El PR es una parte mínima del algoritmo de Google.
- Los robots (crawlers) de Google rastrean las páginas con PR alto más frecuentemente que las de PR bajo.
- Las páginas con PR 10 marcan el tope de calidad hacia el que los demás deberían aspirar.

Según Randfish, el PR es un indicador (no tan preciso) sobre la popularidad de los links entrantes de una determinada página. Puede servir para comparar la popularidad de varios sitios que compiten por las mismas palabras clave, y puede usarse para ver si un sitio ha sido penalizado, por ejemplo, si pasó de PR 6 a PR 0.

Curiosidad

Aunque fue desarrollado por los dos creadores de Google, el nombre del algoritmo lleva el apellido de Larry Page.

Manipulación

Debido a la importancia comercial (más popularidad, más branding, más visitas, más ventas) que tiene aparecer entre los primeros resultados de una búsqueda, se han diseñado métodos para manipular artificialmente el PageRank de una página. Entre ellos, hay que destacar el spam, que consiste en añadir enlaces a cierta página web en lugares como blogs, libros de visitas, foros de Internet, etcétera, con la intención de incrementar el número de links que apuntan a ella.

16 trucos para mejorar las búsquedas

En el buscador de Google podemos buscar (y encontrar) casi todo; pero claro, todo depende de cómo busquemos. Para mejorar los resultados de búsqueda existen comandos y operadores que nos permiten realizar la tarea con mayor exactitud. A continuación, presentamos el listado de trucos destinados a mejorar este procedimiento.

1 FILTROS

Justo debajo de la barra de búsqueda, una de las opciones es **Herramientas**. Al presionar allí, podemos configurar varios filtros, por ejemplo, **país**, **idioma**, **fecha** y **todos los resultados**.

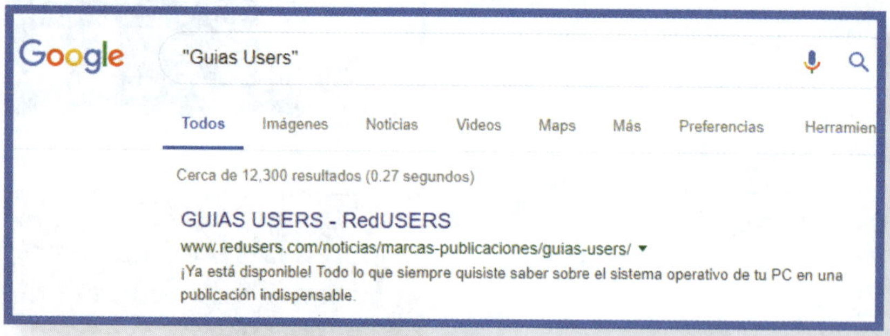

2 BÚSQUEDAS EXACTAS

Requiere escribir la palabra o frase entre comillas. Por ejemplo, **"a donde vamos no necesitamos caminos"**.

3 BUSCAR EN UN SITIO DETERMINADO

Escribimos el término de búsqueda y luego **site**, seguido por los dos puntos y el nombre de la página determinada. Por ejemplo: **Google, site: redusers.com**.

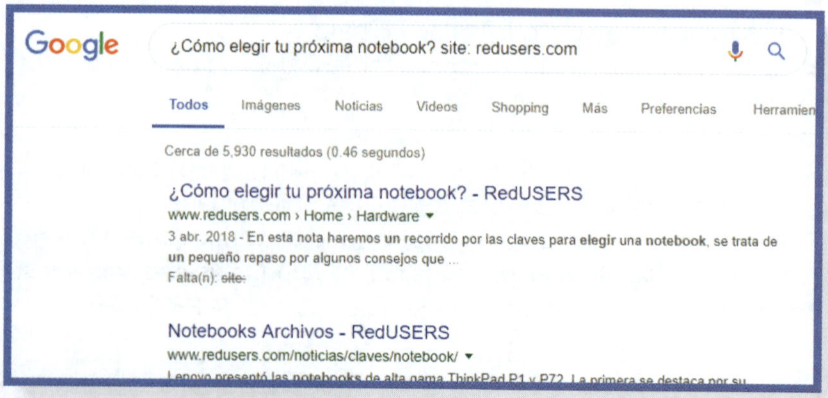

No importa si escribimos con errores pues el corrector ortográfico de Google entenderá tanto si escribimos correctamente como si no lo hacemos.

4

BUSCAR EN MEDIOS SOCIALES

Escribimos **@** delante de una palabra para medios sociales. Por ejemplo: **@twitter**.

5

BUSCAR PRECIOS

Escribimos **$** delante de un número. Por ejemplo: **cámara $700**.

6

BUSCAR HASHTAGS

Escribimos **#** delante de una palabra. Por ejemplo: **#Google**.

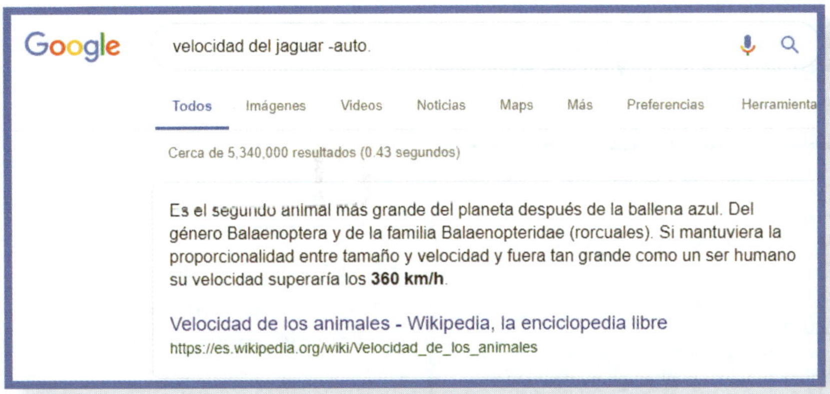

7

EXCLUIR PALABRAS

Escribimos **-** delante de la palabra que queremos excluir. Por ejemplo: **velocidad del jaguar -auto**.

8

TÉRMINOS COMODÍN O DESCONOCIDOS

Escribimos ***** en la palabra o frase donde queremos dejar un marcador de posición. Por ejemplo: **más grande * del mundo**.

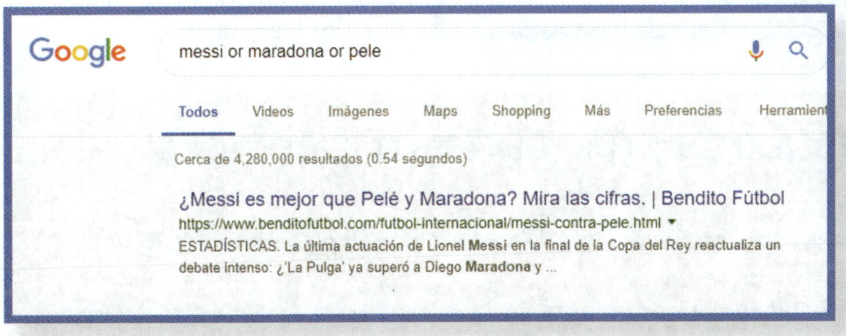

9

COMBINAR BÚSQUEDAS

Escribimos **OR** entre cada búsqueda. Por ejemplo, **facebook OR twitter**.

> **Para buscar definiciones escribimos define: seguido de la palabra que buscamos para obtener distintas descripciones de la misma. Por ejemplo define: navegador.**

10
BUSCAR EN UN SITIO WEB RELACIONADO

Escribimos **related:** delante de una dirección web que ya conocemos. Por ejemplo, **related:time.com**.

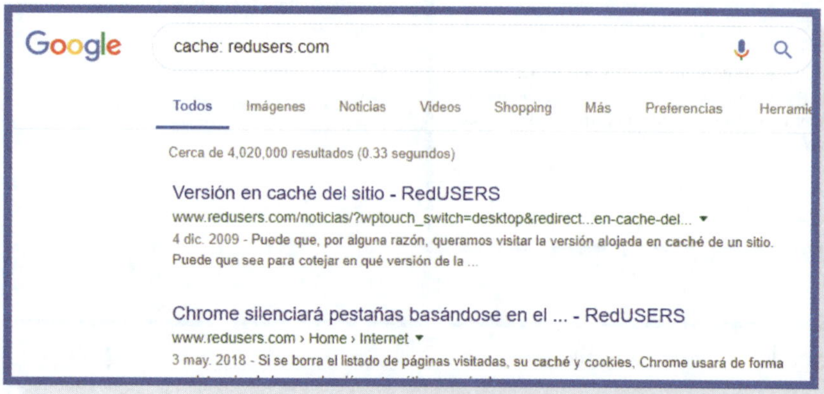

11
VERSIÓN EN CACHÉ DE UN SITIO WEB

Escribimos **cache:** delante de la dirección del sitio web.

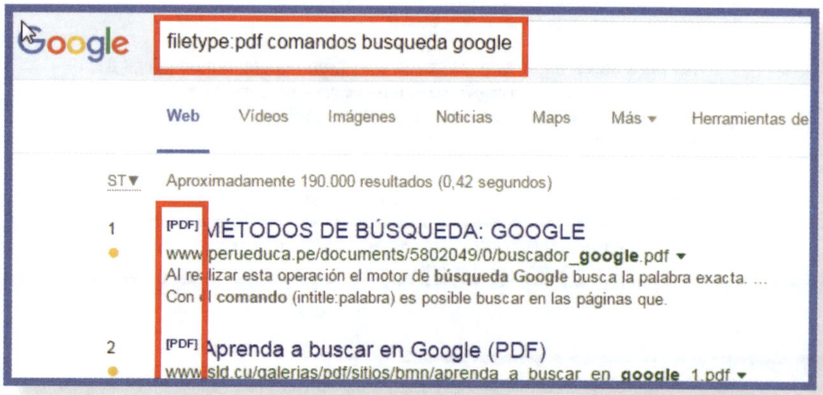

12
RASTREAR UN FORMATO ESPECÍFICO

Si lo que queremos es buscar determinado tipo de archivos, tenemos que escribir **filetype**, los dos puntos y la extensión correspondiente. Por ejemplo, podemos buscar: **modernidad líquida, filetype: PDF**.

Operadores de búsqueda para partes específicas de una web

- **inurl o allinurl: obtiene páginas que contienen cualquiera de los términos empleados en la URL; allinurl:desarrollo web.**
- **allinanchor o inanchor: devuelve páginas web con un texto ancla enlazado que coincida con el término de búsqueda; allinanchor: "diseño de sitios web".**
- **allintext o intext: encuentra páginas web que contengan en su texto el término de búsqueda; allintext:"desarrollo".**
- **allintitle o intitle: obtiene páginas web con el término en el título; allintitle:"desarrollo CSS".**

13

HACER CÁLCULOS

Basta con escribir un cálculo (**144+23**, por ejemplo) para que Google brinde la respuesta al usuario.

14

CONSULTAR EL HORARIO

Para saber la hora en cualquier lugar del mundo, ingresamos la palabra **hora** seguida por el nombre de la ciudad o el país en cuestión.

15

SABER EL CLIMA

Debemos escribir el término **clima** para saber cómo serán las condiciones climáticas en el sitio donde nos encontramos. Si añadimos el nombre de otra ciudad seguido de la palabra **clima**, obtendremos el clima de ese lugar.

16

CONSULTAR HORARIOS DE PELÍCULAS

Al escribir **película**, veremos las salas y los horarios en que se presentará en los cines de la zona.

Usar el traductor de Google

El Traductor de Google nació en el año 2007, funciona con 103 idiomas y es utilizado diariamente por más de 200 millones de personas. Tenemos la posibilidad de usarlo en la Web o bien como aplicación. Si bien esta última opción es muy práctica, la alternativa web tiene sus beneficios, pues permite traducir documentos enteros o sitios completos.

Usar la app

1 Descargamos la aplicación Traductor de Google desde Google Play para Android o desde App Store para iPhone.

2 La primera vez que abrimos el Traductor de Google, nos pedirá que elijamos el idioma principal y el idioma al que traduciremos con más frecuencia. Para seleccionar uno de los disponibles, debemos tocar la flecha hacia abajo.

3 La aplicación tiene cuatro funciones que podemos identificar con sus respectivos iconos:

- **Conversación**: permite grabar con el micrófono para que la aplicación vaya traduciendo textualmente en la pantalla. Cuando terminamos de hablar, apretamos otra vez mic, y se escuchará la traducción al idioma seleccionado. Por ejemplo, podemos grabar en español y, traducido al inglés, escucharemos entonces el resultado.
- **Cámara**: para traducir un cartel o foto. Con solo sacarle una fotografía, la aplicación podrá traducirlo.
- **Escritura a mano**: con esta función podemos escribir a mano y se irá traduciendo instantáneamente.
- **Tipear**: escribimos las palabras desde el teclado para que la aplicación las traduzca.

Con la aplicación podemos traducir texto, frases escritas a mano, fotos (sí, fotos) y voz en más de 100 idiomas.

Usar la interfaz web

1 Podemos acceder al Traductor web de tres formas:

- Desde **https://translate.google.com.ar**.
- Localizarlo en el buscador.
- Entre las aplicaciones de nuestra cuenta Google. No necesitamos estar con la sesión iniciada para poder utilizarlo.

2 En el Traductor veremos dos cuadros de texto, y encima de ellos, varios menús desplegables.

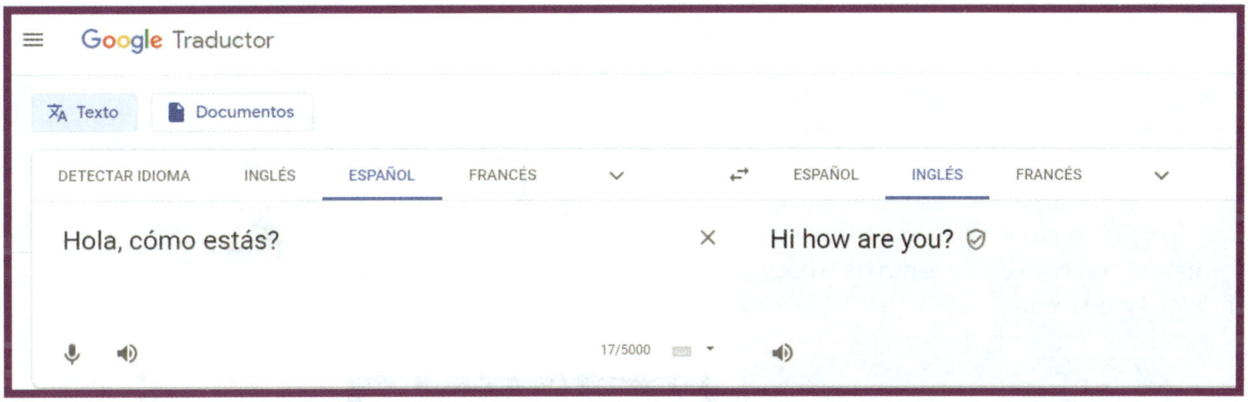

3 En el cuadro de texto de la izquierda debemos escribir lo que queramos traducir, y seleccionar en la lista el idioma en el que está escrito. En caso de que no sepamos en qué idioma se encuentra, Google podrá detectarlo.

4 A medida que vamos escribiendo, el texto se va traduciendo en el recuadro de la derecha. En pocos segundos aparecerá todo traducido en el idioma que hayamos seleccionado.

También podemos traducir archivos PDF: desde el icono de PDF seleccionamos el archivo en nuestra computadora y, luego, hacemos clic en Traducir.

Páginas completas

Podemos traducir páginas web completas. ¿Cómo? Escribiendo la dirección web en el cuadro de texto del Traductor, incluyendo http://. Luego elegimos el idioma de origen y el de destino en los menús desplegables, y toda la página se traducirá.

Un recorrido por Drive

Google Drive es un servicio de alojamiento de archivos (en la nube) que nació el 24 de abril de 2012, reemplazando a Google Docs. Cuenta con 15 gigabytes de espacio gratuito para almacenar archivos, ampliables mediante diferentes planes de pago.

Accedemos a Drive a través del sitio web desde la computadora, o bien desde aplicaciones, Android e iOS, que nos permiten editar documentos y hojas de cálculo. Varios usuarios pueden trabajar online sobre un mismo documento, y hasta es posible editar sin conexión.

¿Qué podemos hacer desde Drive?

Desde el fabuloso mundo de Drive podemos subir, editar y descargar archivos de todo tipo (o casi): PDF, hojas de cálculo, documentos, imágenes, videos y audios. Si estos no pertenecen a la familia de Google (como documentos creados en Word), debemos convertirlos en Documento Google para poder editarlos. De la misma manera, también es posible convertir una planilla de Excel en Hojas de cálculo, o un PPT en Presentac de Google.
Dirve no es celoso, y por eso también nc opción de descargar los archivos en dife formatos, como un documento de Goog un Word o en Excel.

Google Drive nos permite guardar nuestros archivos de forma segura y abrirlos o editarlos desde cualquier dispositivo.

¿Qué podemos crear desde Drive?

- **Documentos**
- **Hojas de cálculo**
- **Formularios**
- **Presentaciones**
- **PDF**
- **Dibujos**
- **Maps**

Funciones que podemos realizar

Además de guardar, editar y descargar archivos, Drive nos permite compartirlos con otros usuarios, es decir, podemos trabajar en equipo desde un mismo documento en línea. Pero ¿qué sucede cuando no hay conexión? Si tenemos instalada la extensión de Google Chrome llamada Documentos de Google sin conexión, la falta de Internet no se convertirá en un problema, aunque no estarán habilitadas todas las funciones.

Funciones que nos permiten optimizar nuestros recursos

- **Subir documentos o archivos**
- **Editar documentos**
- **Compartir con otros usuarios**
- **Trabajar sobre un mismo documento con otros usuarios**
- **Descargar en diferentes formatos**
- **Editar sin conexión**
- **Utilizar la plataforma desde web o aplicaciones para teléfonos**

Desde cualquier dispositivo, en cualquier momento

Los documentos de Drive tienen una apariencia muy similar a los de Office, por lo que su interfaz es intuitiva. Claro que, en Word, si se cortaba la luz, podíamos perder archivos (y muchas horas de trabajo); además, debíamos recordar guardar siempre los cambios. Con Drive esto no ocurre, porque todo se sube a la nube; no es necesario guardar, sino que la acción es instantánea. Es posible acceder desde cualquier computadora, dispositivo y lugar del mundo: allí estarán nuestros archivos disponibles para ser utilizados o reutilizados.

Cómo acceder a Drive

Para aceder a drive necesitamos una cuenta en Google, una vez que estamos logueados con nuestra cuenta de Gmail, nos dirigimos a los puntitos ubicados en el extremos superior derecho, donde podemos ver nuestro avatar (foto de perfil de correo) damos clic y se abre ventana con las aplicaciones de Google, allí seleccionamos **Drive**.

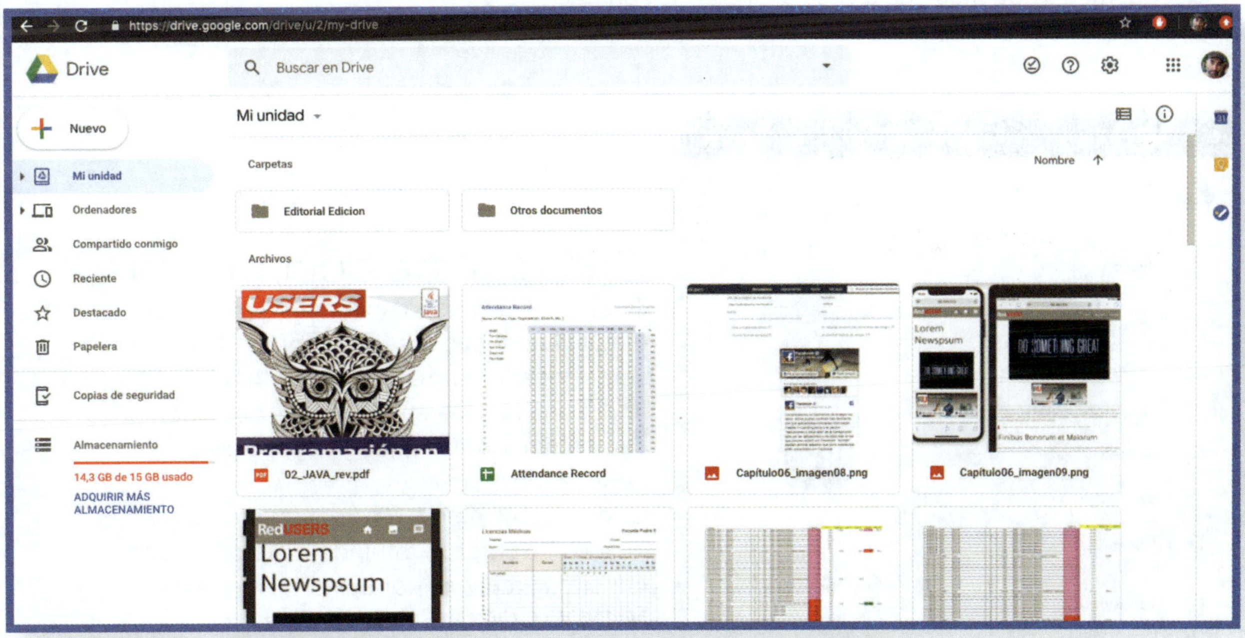

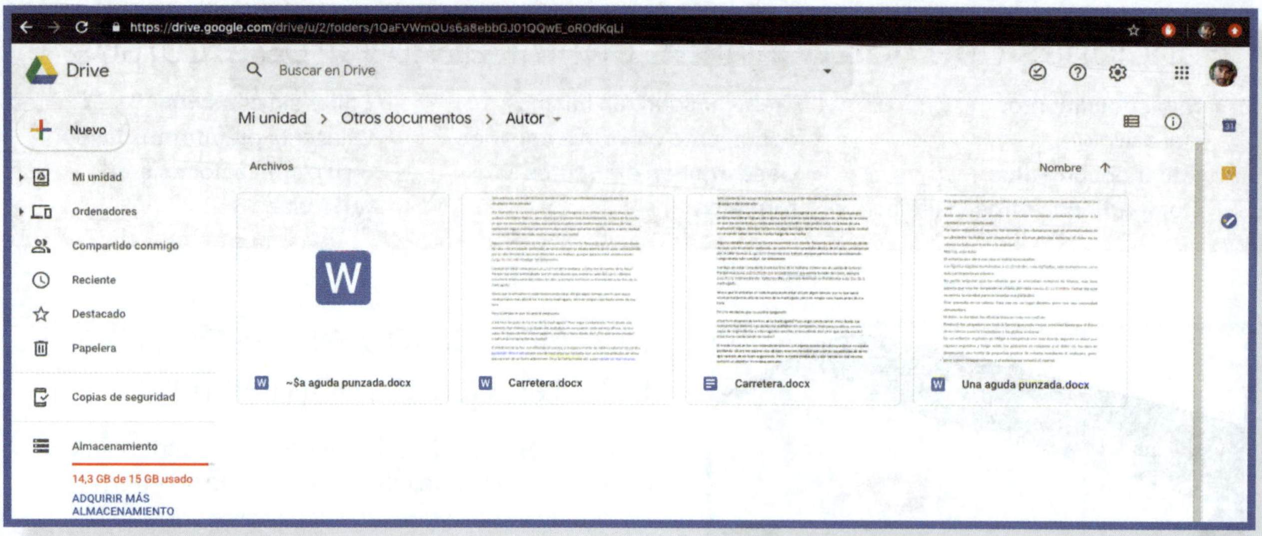

Panel de control

Una vez dentro de nuestra cuenta, podemos distinguir dos columnas, izquierda y central. En la primera están todas las acciones y funciones; en la central, podemos acceder a los archivos o documentos.

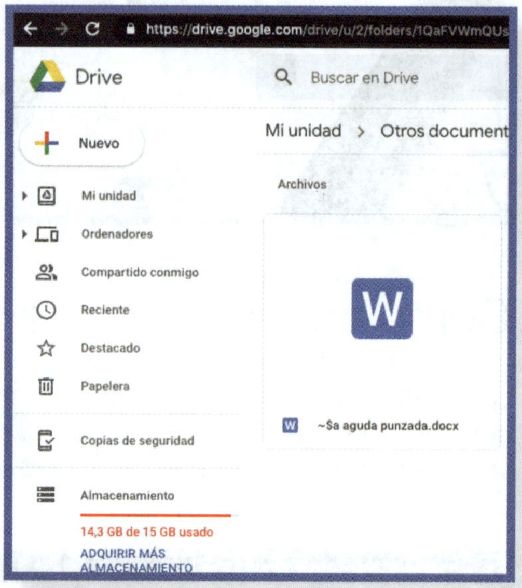

Mi Unidad y Compatidos Conmigo

Podría decirse que los archivos de Drive tienen una doble naturaleza: los propios y los que comparten con nosotros. En Mi Unidad se encuentran los archivos que nosotros creamos o subimos, mientras que en **Compartidos conmigo** accedemos a aquellos que otros usuarios nos comparten.

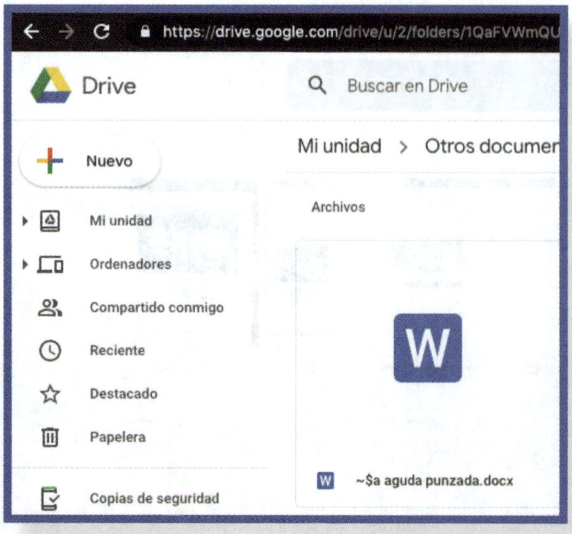

Creación de documentos

Para crear un nuevo documento basta con elegir **Nuevo** desde la columna izquierda, y seleccionar el formato, inmediatamente se abrirá una nueva ventava con el documento. También podemos hacerlo desde botón derecho de mouse.

Lo más conveniente es crear un archivo nuevo desde una carpeta rotulada, para organizar nuestros archivos, por ejemplo: carpeta **MUNDO GOOGLE/DRIVE/Tips**.

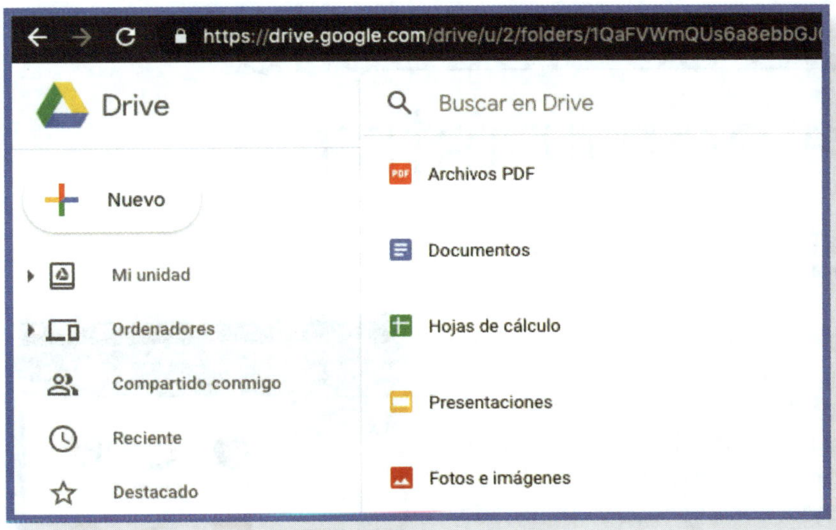

Buscar archivos

Podemos buscar archivos desde la barra de búsqueda ubicada arriba de la columna central. Realizamos la búsqueda desde el nombre del archivo o desde su extensión (PDF, Formulario).

Subir archivos

Desde la columna izquierda seleccionamos **Nuevo** y luego elegimos el archivo o carpeta que deseamos subir.

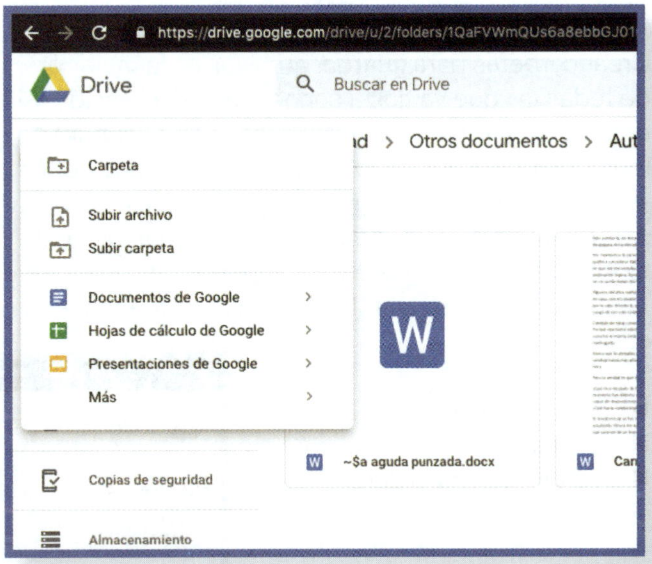

Eliminar

Todos los archivos se pueden eliminar, duplicar y editar. Basta con hacer clic sobre el archivo y, con el botón derecho del mouse, seleccionar la acción correspondiente.

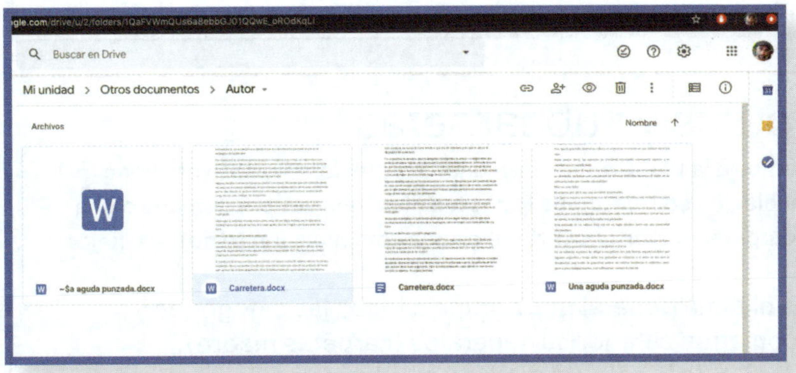

Compartir

Para compartir archivos con otros usuarios, podemos hacerlo desde el Panel de control, seleccionando el archivo, o bien desde el archivo abierto. En ambos casos, presionamos el botón derecho del mouse y elegimos Compartir. Allí tendremos la opción de colocar el correo del usuario o bien de copiar el enlace al documento (podemos pasarlo por correo, redes sociales o mensajería).

También podemos compartir desde el documento abierto, en el extremo superior derecho, presionando el botón Compartir.

Todo lo que se necesita saber para administrar trabajos en Drive

Si bien Drive nos permite optimizar nuestros recursos con su plataforma multifunción, es fundamental saber administrarnos en ella; esto significa poder optimizar nuestro tiempo y organización para que nuestras tarean tenga mejor resultado. Por eso, vamos a compartir un listado de buenas prácticas para mantener nuestro Drive organizado, administrado y optimizado.

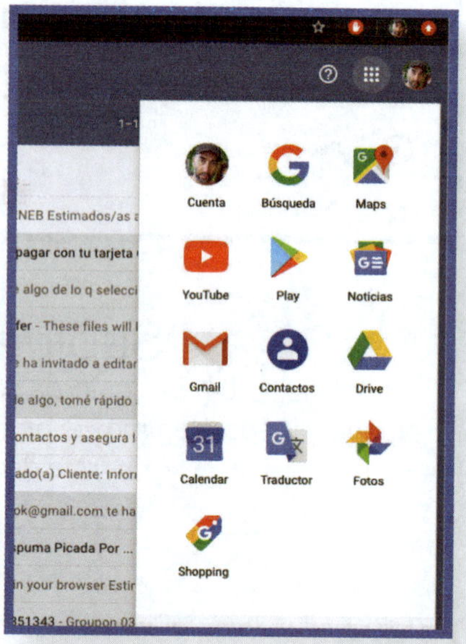

Crear carpetas

Crear carpetas para guardar archivos es la mejor práctica de todas las que vamos a conocer en esta sección. Sin embargo, el arte de crear carpetas puede ser nuestra mejor estrategia o la peor de todas, por lo que debemos tener claros nuestros objetivos. ¿El secreto? Dividir las carpetas en tres categorías principales, para lo cual es necesario saber qué vamos a guardar en ellas. Pero también hay otras variables que es preciso tener en cuenta:

- Cantidad de archivos
- Frecuencia de uso
- Uso profesional o personal

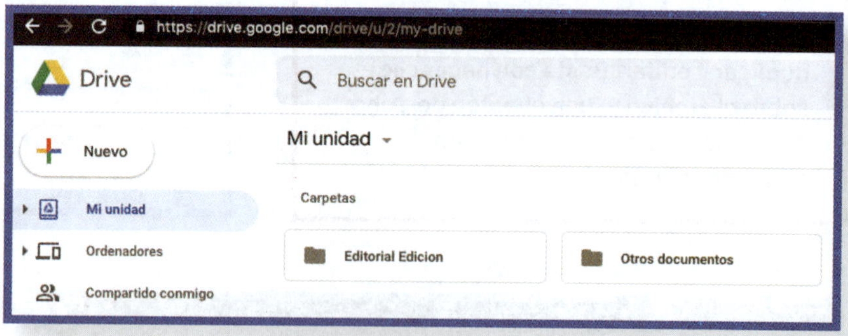

Carpeta madre, carpetas y subcarpetas

Dependiendo del tipo de uso que le demos a la plataforma (personal o profesional), de la cantidad de archivos (un millón o 5) y la frecuencia de uso (entramos todos los días, una vez por semana o una vez por mes) es que la tarea de crear carpetas puede convertirse es una complicación (o no). La mejor práctica es hacerlo por categorías:

- **Carpeta madre: aquí colocamos el tema general que agrupe a todas las categorías y subcategorías; puede convivir con otras categorías generales (carpetas madre).**
- **Carpetas: agrupan categorías dentro de la carpeta madre y pueden convivir con otras categorías (carpetas).**
- **Subcarpetas: carpetas dentro de la o las carpetas agrupadas dentro de la carpeta madre. Pueden convivir con otras subcategorías (subcarpetas).**

Rotular carpetas

Crear carpetas es muy importante para mantener el orden y la correcta administración de nuestro Drive, y nos permite encontrar los archivos mucho más rápidamente. Pero ¿qué sucede si tenemos las carpetas ordenadas en categorías, como mencionamos antes, pero la rotulación no es la más adecuada? Lo mismo que pasa en casa cuando no rotulamos el franco de sal y lo confundimos con azúcar. ¿Cómo podemos rotular las carpetas correctamente? Queremos compartir tres técnicas para la rotulación, que pueden combinarse:

- Temática
- Público/actividades

1 Rotulación por temática

Implica rotular las carpetas por temas o tópicos, por ejemplo: Marketing Digital, Publicidad Tradicional, Prensa.

Carpeta madre: Marketing Digital
Carpetas: Redes Sociales, SEO, SEM, E commerce
Subcarpetas: Dentro de redes sociales-> Facebook, Twitter, Instagram

2 Rotulación por Público /actividades

Acá nombramos las carpetas según el público destinatario o las actividades que realizamos cotidianamente, por ejemplo: Amigos, Facultad, familia, novia/o, gimnasio. Podemos combinar rotulación por temática y por público, ejemplo:

Carpeta madre: Facultad
Carpetas: Biología, Anatomía,
Subcarpetas: Dentro de biologia-> Trabajos prácticos, Cuadros sinópticos, fotos,

3 Rotulación por formato

Una opción muy simple es rotular por formato de archivo, acá también podemos combinar con las otras técnicas de rotulación: Fotos, Documentos, PPTs, Hojas de cálculo

Carpeta madre: Documentos, Hojas de cálculo, Fotos
Carpetas: Tomás, Caro, Viejos,
Subcarpetas: Dentro Tomás-> escuela, futbol,

Títulos de archivos

Ahora bien, ya tenemos ordenadas y rotuladas las carpetas, pero ¿qué hacemos con los archivos? porque el orden de las carpetas no indica orden de archivos (y viceversa). He aquí técnicas para nombrar archivos.

Uno de los problemas a la hora de poner títulos a nuestros archivos es la duplicación de título, pareciera que nos quedamos sin nombres ¿no? para ello proponemos tener en cuenta las siguientes:

- **Extensión:** Que no superen los 23 caracteres, porque sino es muy difícil de recordarlo, hasta diríamos que lo perfecto sería un título de 10 caracteres
- **Descriptivo:** que el título incluya la temática del documento, parece obvio, por ejemplo: "Técnicas para Drive"
- **Específico:** en lo posible que sea específico para que cuando tengamos que buscarlo lo identifiquemos más rápido, ejemplo: "Extensiones para Drive" en vez de "Drive" o "Extensiones"

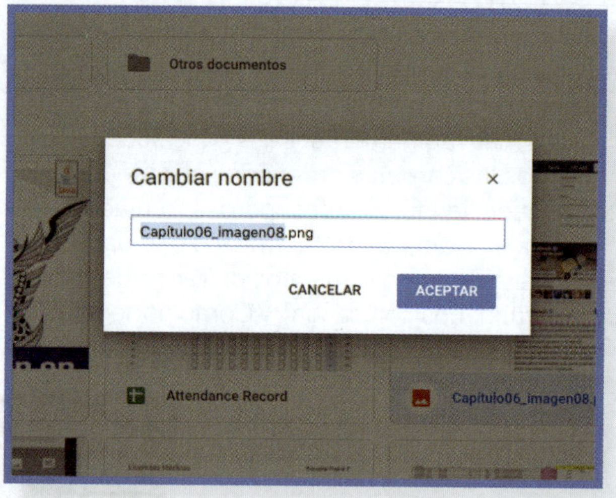

Uno de los beneficios de este servicio es que las carpetas y documentos que tenemos en él los podemos mover y gestionar con los mismos gestos que si fuera el explorador de archivos de nuestro sistema operativo.

Borrar archivos

Aunque muchas veces nos guste coleccionar archivos de la época de la colonia, no hay que olvidar que solo tenemos 15 MB. Por lo tanto, lo que podemos hacer es eliminar archivos y, también, borrarlos de la papelera; o bien crear una carpeta que diga "2018", "2017", donde pongamos todo lo que no queremos borrar pero que nos molesta tener a la vista.

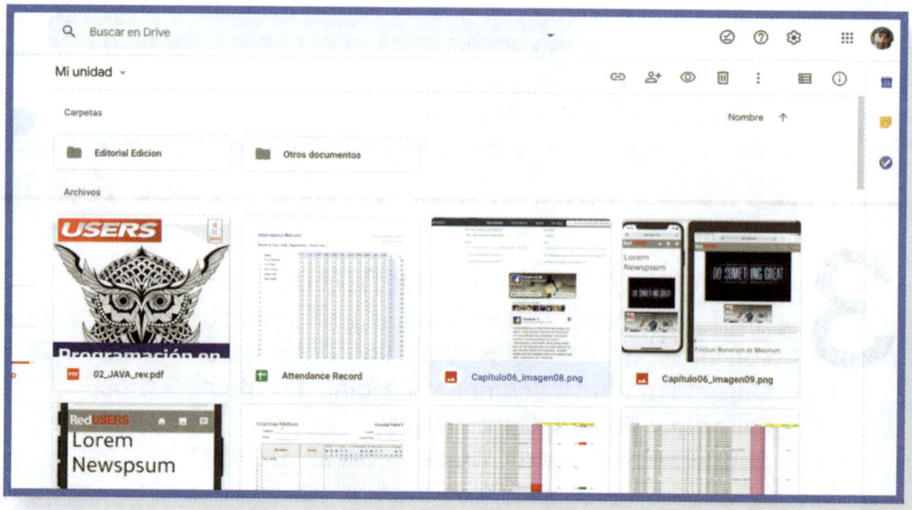

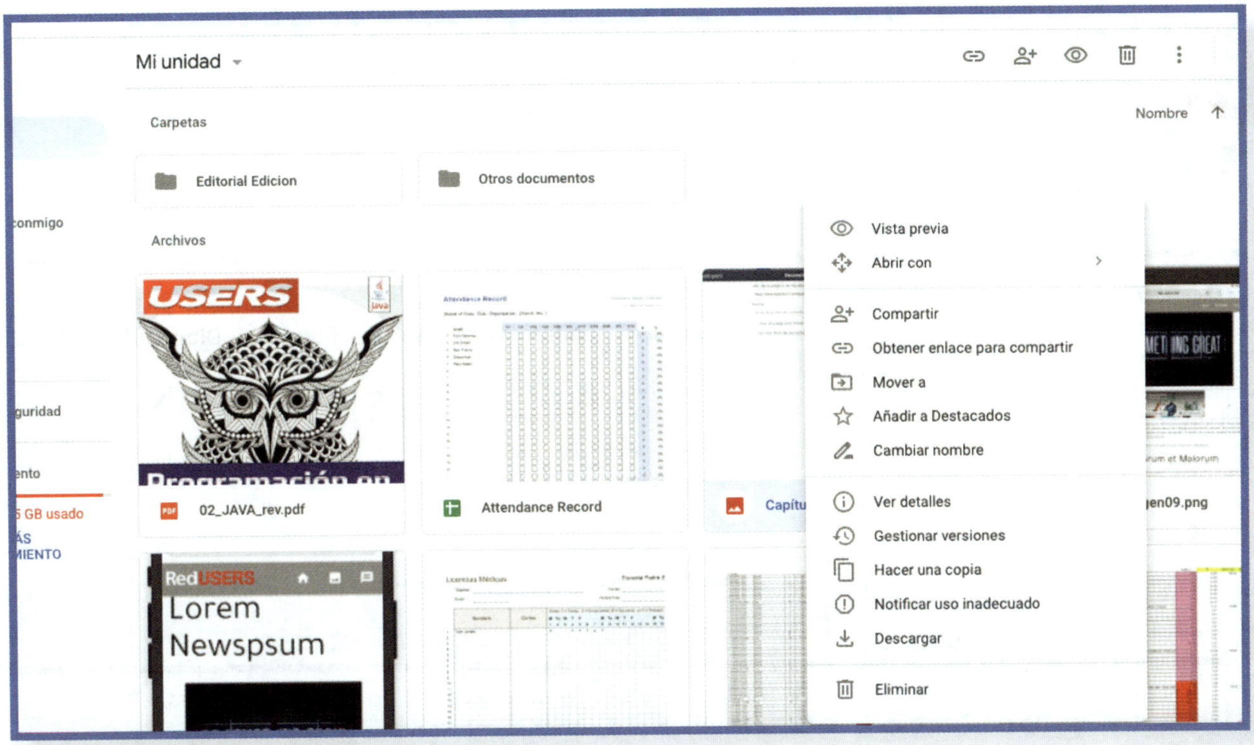

Copiar archivos

Para agilizar nuestro tiempo, podemos copiar documentos. De esta manera, si por ejemplo, tenemos que hacer un formulario, tomamos el "molde" de uno ya realizado, no olvidando cambiar el nombre y la personalización.

Documentos modelo

Como en el caso anterior, se trata de crear documentos modelo que nos sirvan para agilizar las tareas. Por ejemplo: para los profesionales que tengan un apartado "servicios" o "presupuestos", lo único que deben hacer es actualizar la información.

Activar la vista previa de los archivos

Si seleccionamos uno de los documentos en Drive aparecerá un menú arriba de las opciones, entre ellas veremos la de Vista previa, cuyo icono es un ojo. Si pinchamos en este botón, en la parte inferior derecha de la página, podremos obtener toda la información relativa al documento. Desde aquí podemos cambiar algunos aspectos, como por ejemplo, la manera de compartirlos.

Crear una presentación

Veamos cómo crear una presentación al estilo de PowerPoint usando Presentaciones de Google.

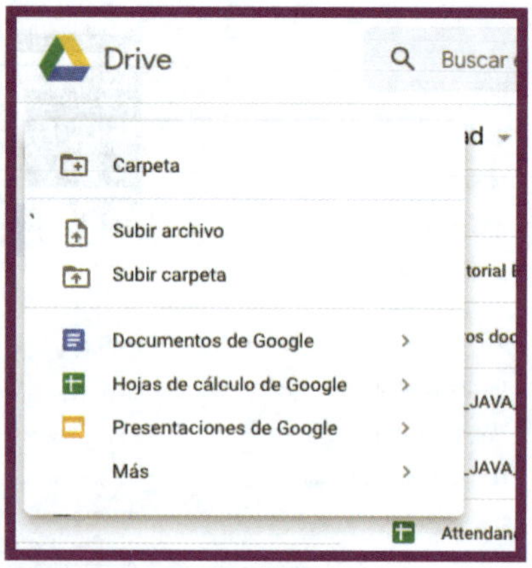

1 Iniciamos sesión en nuestra cuenta de Google y hacemos clic en la cuadrícula de la esquina superior derecha, elegimos **Drive**. Luego hacemos clic en **Nuevo/Presentaciones de Google**.

2 Podemos insertar una diapositiva en blanco presionando el signo más en su interior o usar una plantilla haciendo clic en ella. Para ponerle un nombre a la presentación, hacemos clic en **Presentación sin título** y para agregar más diapositivas presionamos el signo **+**.

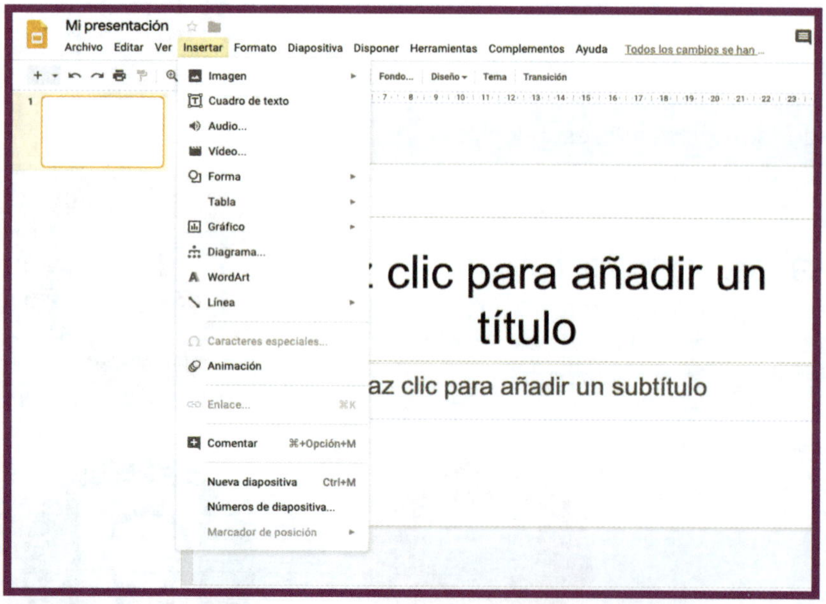

3 Podemos insertar imágenes u otros elementos haciendo clic en **Insertar** para luego elegir el elemento deseado.

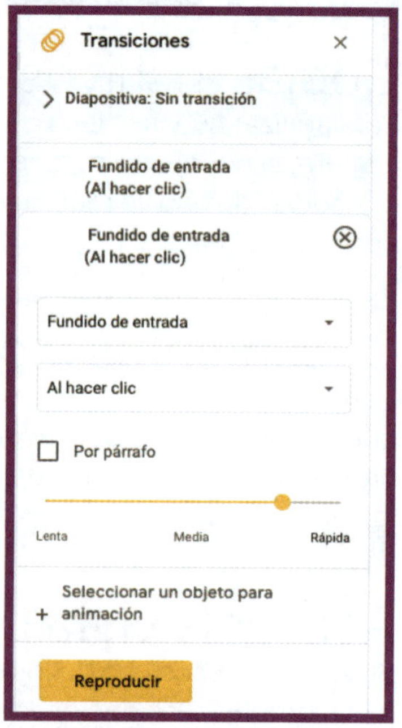

4 Una vez que nuestra presentación esté lista podemos agregar animaciones seleccionando cada elemento con el botón derecho del mouse, elegimos **Aplicar animación** y la configuramos en el panel lateral.

Crear una hoja de cálculo

Para crear una hoja de cálculo solo debemos acceder a Drive y hacer clic en Nuevo/Hoja de cálculo de Google, luego seguimos las instrucciones del siguiente Paso a paso.

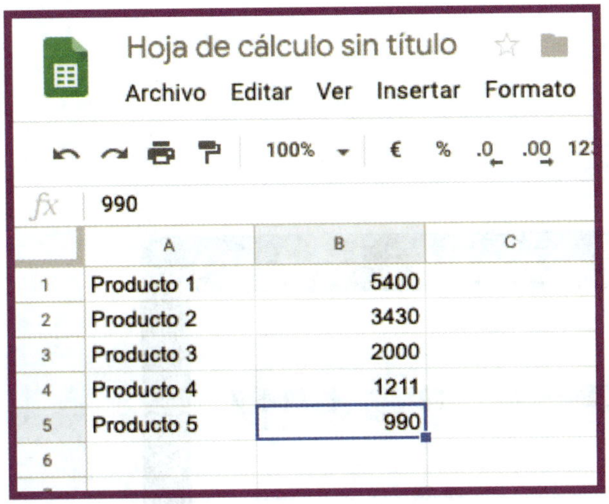

1 Con nuestra hoja ya creada podemos comenzar a utilizarla, para ello ingresamos datos, por ejemplo un listado de productos y valores.

2 Para aplicar un formato específico seleccionamos las celdas y desplegamos la opción **Más formatos**, en este caso elegimos **Peso argentino**.

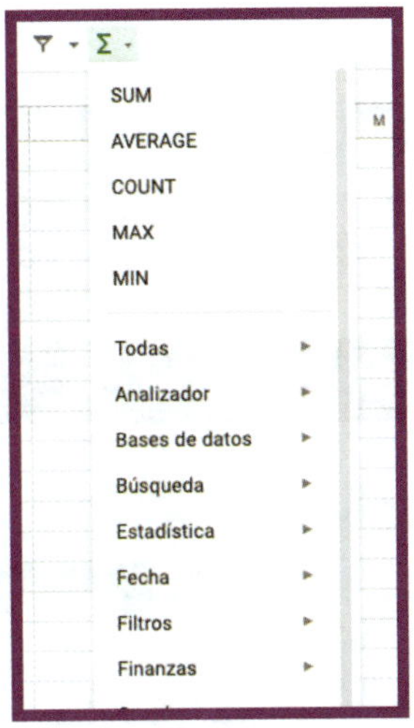

3 Podemos acceder a todas las funciones disponibles desde **Funciones**, elegimos la adecuada desde el listado o la escribimos directamente en la celda.

Para acceder a la hoja de cálculo después de cerrarla, simplemente entramos a Google Drive y hacemos clic en el archivo deseado dentro de Mi unidad.

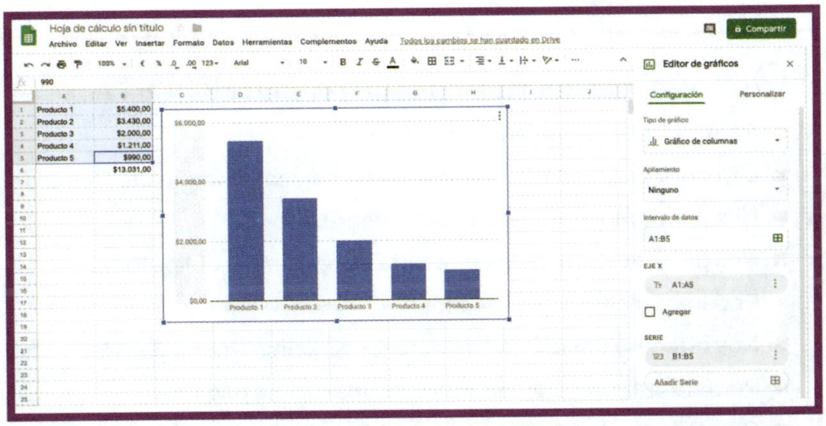

4 En el menú Insertar encontramos diversas opciones, por ejemplo para insertar un gráfico solo debemos elegir el rango de celdas adecuado y luego hacemos clic en **Insertar/Gráfico**.

Formularios y encuestas

Uno de los formatos que podemos crear para sacar provecho dentro del maravilloso mundo de Drive son los formularios. Además de que son muy fáciles y rápidos de generar, nos permiten recabar datos, incrustarlos en sitios web, y compartirlos en redes sociales o mediante mensajería. Es posible acceder a ellos y completarlos desde cualquier dispositivo.

Los formularios de Google nos permiten incluir los siguientes tipos de preguntas: respuesta corta, párrafo, selección múltiple, casilla de verificación, desplegable, escala lineal, cuadrícula de varias opciones, fecha y hora.

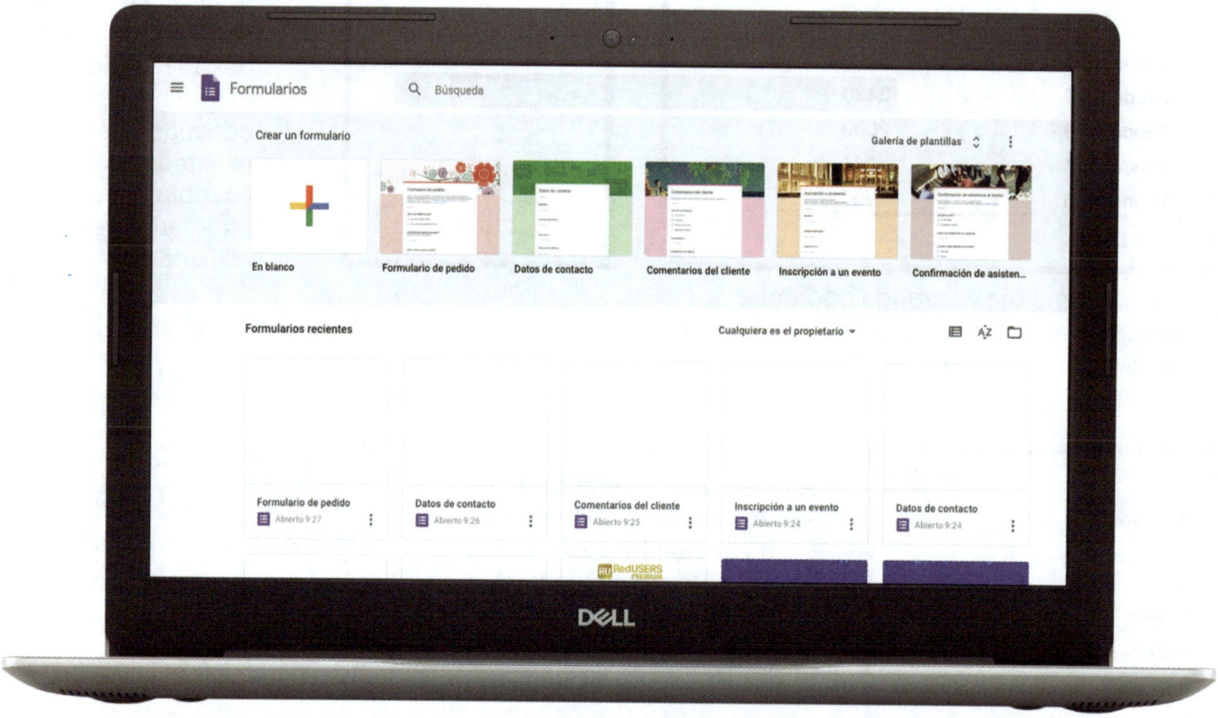

Opciones para la configuración

- Permite crear formularios multipáginas.
- Ofrece la posibilidad de derivar a una página concreta del formulario.
- Nos puede mostrar una barra de progreso.
- Nos permite elegir si una pregunta es opcional u obligatoria.
- Podemos incluir fotos y videos.
- Nos ofrece la posibilidad de obtener el código iframe para incrustarlo en blogs, wikis y webs.
- Permite crear secciones dentro de una misma página.
- Ofrece la posibilidad de recibir notificaciones vía e-mail del envío de un formulario.
- Podemos personalizar el mensaje que se muestra al usuario una vez enviado el formulario.

Cómo crear un formulario

Primero accedemos a Drive desde nuestra cuenta de Google, desde los puntitos a la derecha, seleccionamos la carpeta (rotulada) donde se guardará nuestro formulario, una vez allí seguimos los siguientes pasos:

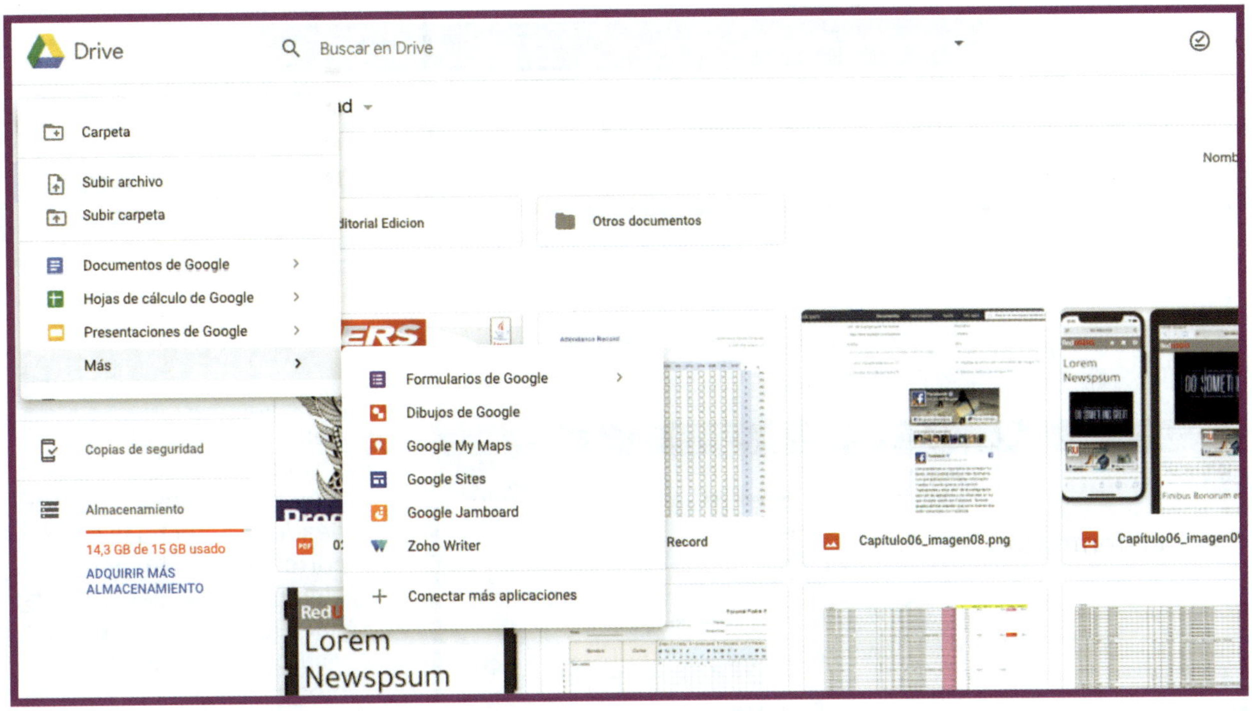

1 Ya sea con el botón derecho del mouse o desde la columna izquierda del panel, hacemos clic en **Nuevo**, entramos a **Más** y luego vamos a **Formularios Google**.

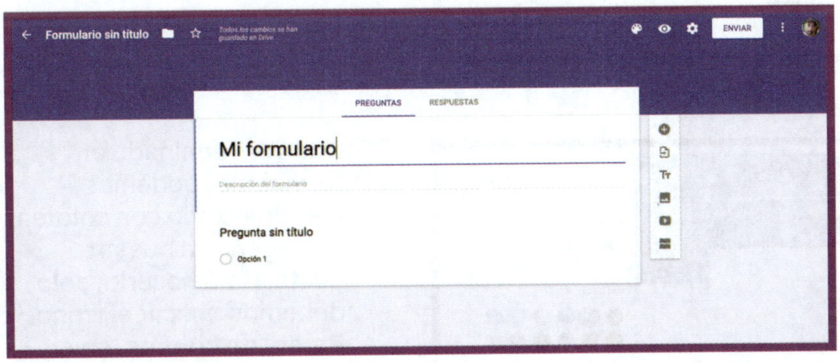

2 Desde el formulario, lo primero que debemos hacer es ponerle nombre al archivo (arriba a la izquierda) y título al formulario. Debajo del título, agregamos una bajada simple indicando de qué se trata el formulario, por ejemplo: **completa este formulario para recibir nuestro newsletter.**

Los formularios de Drive se crean mediante bloques, los cuales pueden combinarse; no es necesario que sean siempre los mismos.

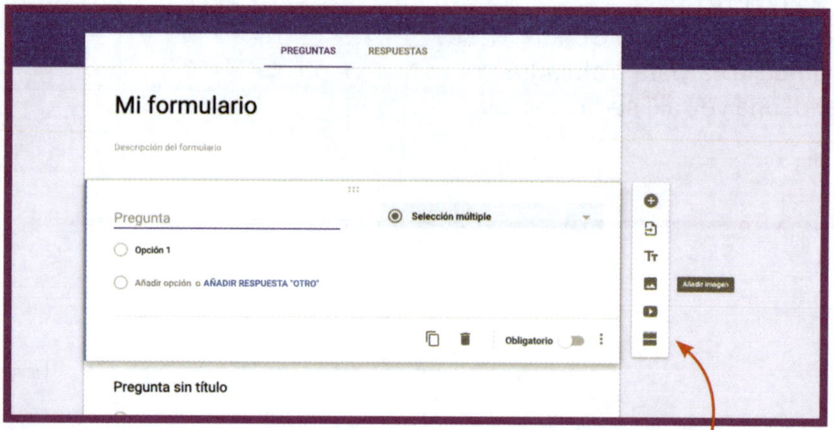

A la derecha también encontramos iconos destinados a agregar funciones: títulos y descripción, fotos, videos, etcétera. El signo + (más) es para agregar bloques.

3 Los formularios se dividen en dos columnas; a la izquierda editamos las preguntas (texto) y a la derecha editamos el formato de las preguntas. Podemos elegir:

- Respuesta breve
- Párrafo
- Opción múltiple
- Casilla de verificación
- Lista desplegable

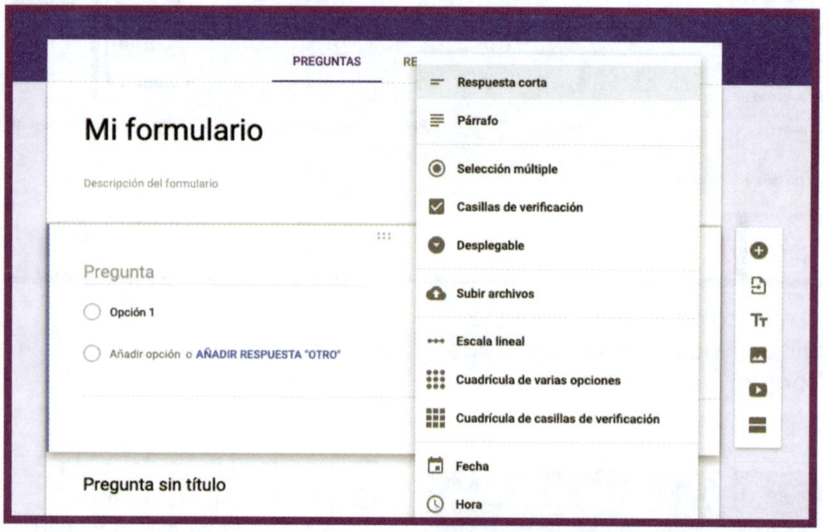

4 Seleccionamos el formato de pregunta que queremos, seleccionando desde la derecha la opción correspondiente; por ejemplo, **Respuesta breve**. Allí escribimos la pregunta y listo. Para crear otro bloque, podemos duplicar desde el icono **Copiar**, que está abajo del bloque, o haciendo clic en el signo más (+) de la derecha.

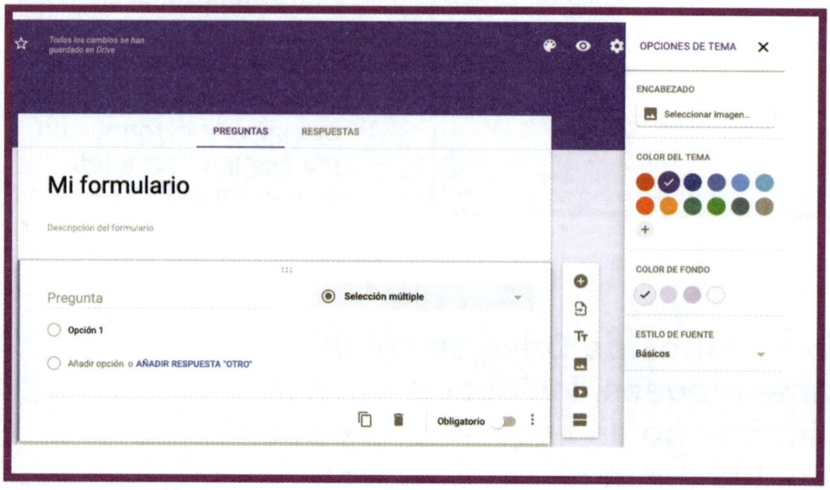

5 Una vez terminado el formulario, podemos personalizarlo con colores o imágenes a nuestro gusto. Para hacerlo, solo debemos buscar el icono **Paleta de colores**, en el extremo superior derecho, y en la ventana **Opciones de tema** elegir el color deseado.

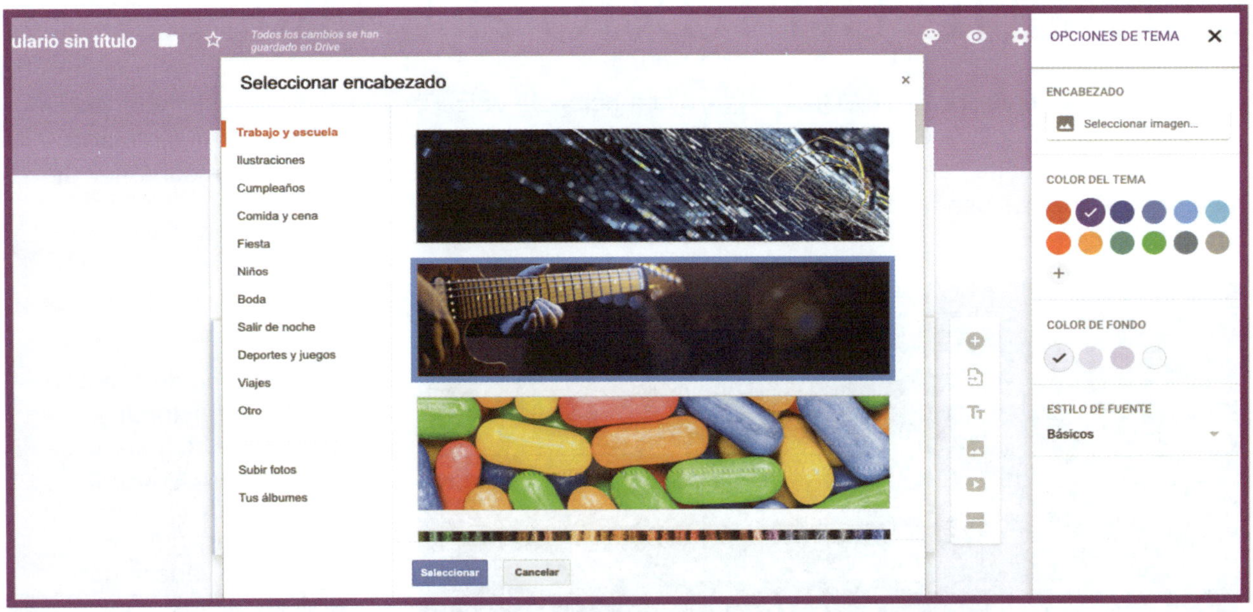

6 También podemos poner una foto en el encabezado, desde el mismo lugar elegimos **Seleccionar imagen** se abrirá una nueva ventana con las opciones de imágenes. También podemos seleccionar una foto de nuestra computadora.

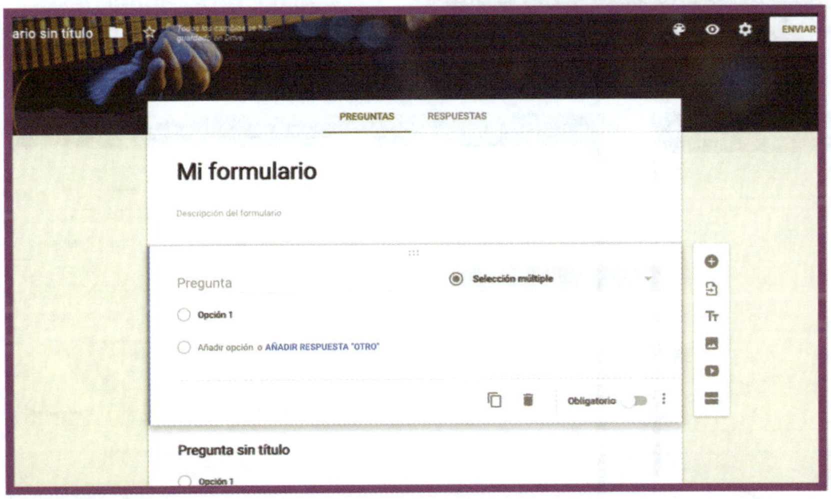

7 Lo único que nos resta es enviar el formulario, para ello le damos clic al botón del extremo superior derecho **ENVIAR**, se abrirá una venta para que seleccionamos el formato de envío, y listo.

Formatos de envío

- Enviar por correo: colocar correo de destinatarios
- Enviar link: copiar y pegar link, para luego compartirlo por correo, redes o mensajería
- Insertar en sitio web: copiar código y pegarlo en el sitio web
- Compartir en redes sociales: compartir en las redes seleccionadas

Desde la ranura ubicada en el extremo superior derecho podemos configurar el formulario. Allí encontraremos opciones de privacidad y de presentación.

Dictarle un texto a Drive

En septiembre de 2015, Google lanzó la función de Voice Typing, o dictado por voz, para Google Docs, que nos permite escribir o redactar textos sin tener que recurrir al teclado. Es una buena herramienta para la creación de notas, entradas de agenda y resúmenes de reuniones. Podemos usarla también para transcribir audios.

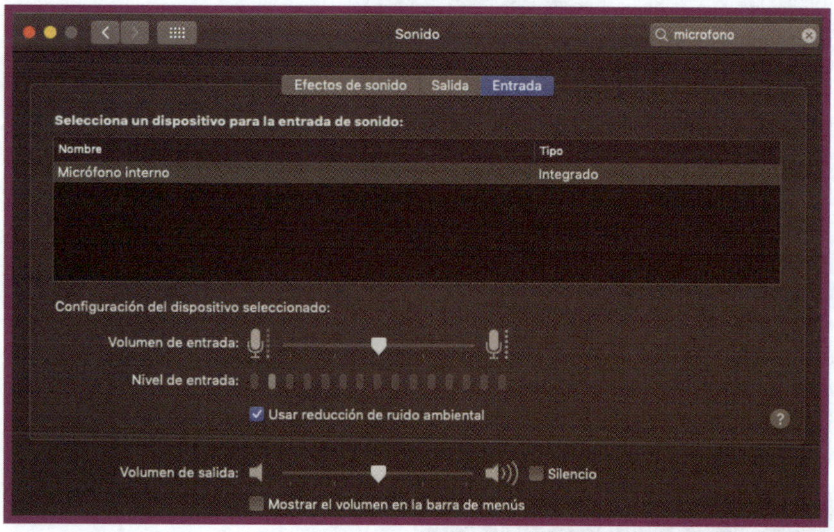

1 El micrófono de nuestra PC debe funcionar y estar activado para usar los comandos de voz o de dictado por voz. La configuración del micrófono varía según el dispositivo. En un Mac, el micrófono se suele configurar en las **Preferencias del Sistema**, mientras que en un PC se hace en el **Panel de control**.

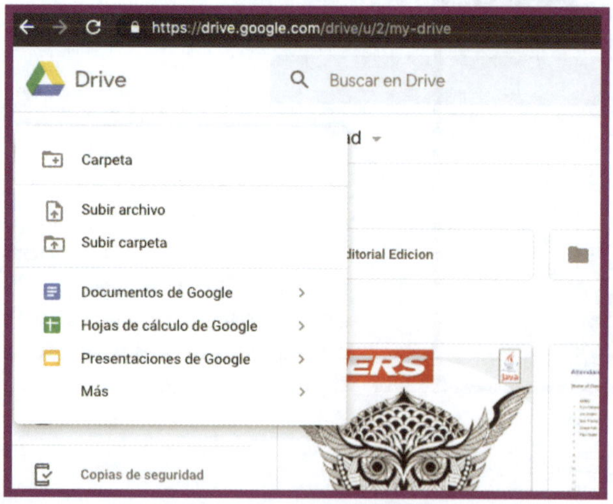

2 Abrimos un archivo de Documentos de Google en el navegador Chrome.

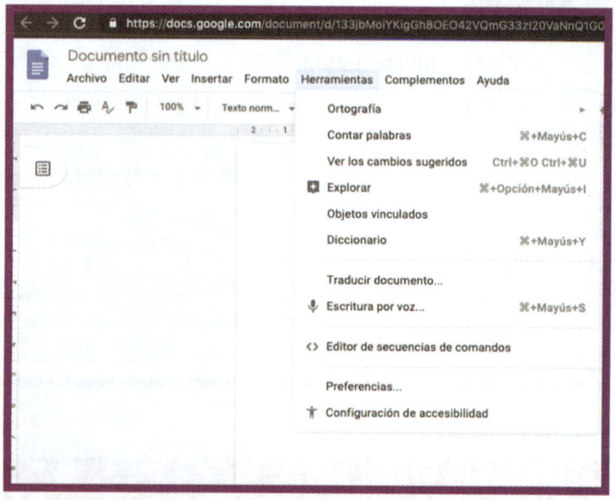

3 Hacemos clic en **Herramientas/Escritura por voz**. Aparecerá un micrófono.

También podemos usar esta herramienta para transcribir audios desde nuestro celular, en este caso debemos colocar el celular en el micrófono.

4 Cuando empezamos a hablar, hacemos clic en el micrófono. Tenemos que hablar claro, a un volumen y ritmo normales. Al terminar, volvemos a hacer clic en el micrófono.

Escritura por voz en las notas del orador de Presentaciones

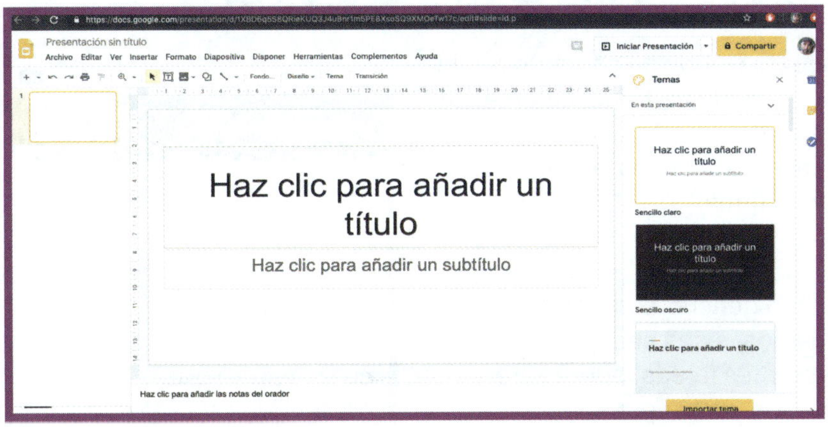

1 Abrimos una presentación de **Presentaciones de Google** en el navegador Chrome.

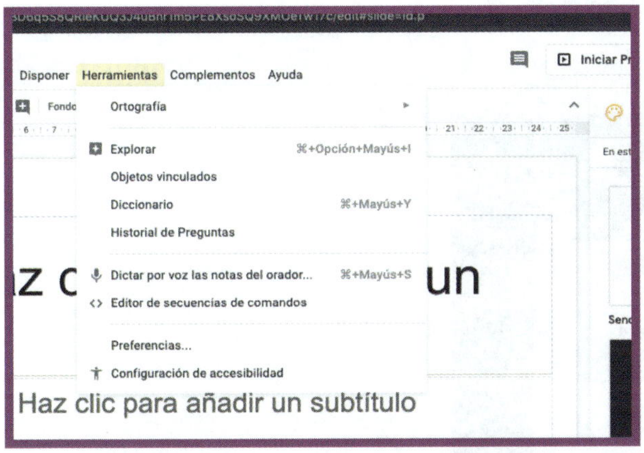

2 Hacemos clic en **Herramientas/Dictar por voz las notas del orador**. Se abrirán las notas del orador y aparecerá un micrófono.

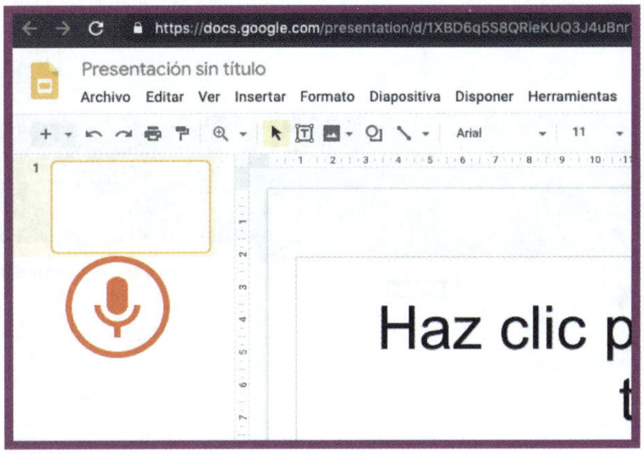

3 Empezamos a hablar, haciendo clic en el micrófono. Tenemos que hablar claro, a un volumen y un ritmo normales.

4 Cuando terminamos, volvemos a hacer clic en el micrófono. Tenemos que hablar claro, a un volumen y un ritmo normal. Cuando terminemos, volvemos a hacer clic en el micrófono. Al terminar, volvemos a hacer clic en el micrófono.

Solucionar problemas

Si el dictado por voz no funciona, podemos probar estos pasos:

No te escuchamos bien: si aparece este mensaje de error, intentemos lo siguiente:

Ir a una habitación silenciosa, conectar un micrófono externo, y subir o bajar el volumen de entrada del micrófono.

El micrófono no funciona: si el micrófono de la computadora no funciona, probemos lo siguiente:

- Comprobar que no esté roto.
- Revisar la configuración del micrófono en las preferencias del sistema de la PC.
- El micrófono debe estar conectado y no tiene que estar usándolo ninguna otra aplicación.
- Ir a una habitación silenciosa.
- Reiniciar la PC.

Crear una firma en Gmail

Una firma de correo es un texto (datos de contacto o cita favorita, por ejemplo) que se añade de forma automática al final de todos los mensajes de Gmail que enviamos. ¿Quiénes pueden usarla? Absolutamente todos; no es necesario ser profesional, todos pueden tener su firma.

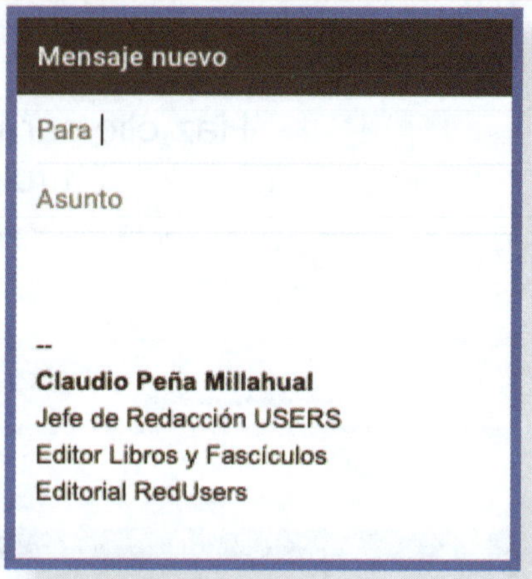

Los formularios de Google nos permiten generar base de datos, dependiendo del uso que le demos, estas bases de datos pueden ayudarnos para diferentes tareas, por ejemplo, nos ayudan para administrarnos, de acuerdo a variables o temáticas. Por ejemplo, un dentista puede administrar la base de datos de sus pacientes, de acuerdo a edad y tratamientos realizados.

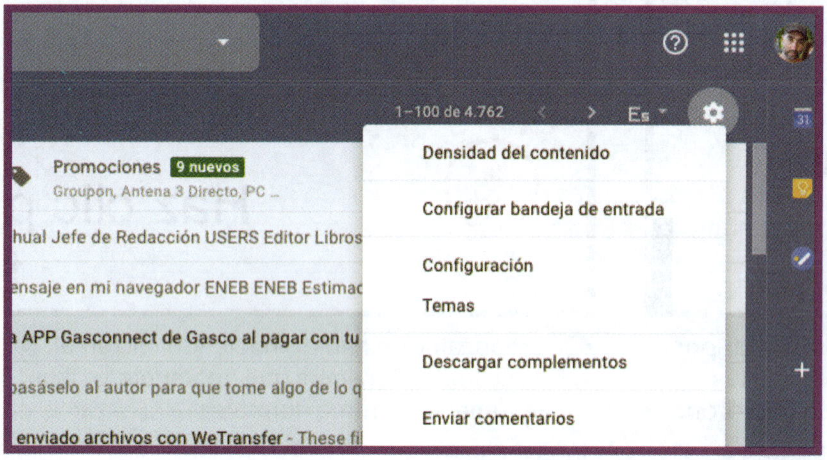

1 Primero abrimos nuestro correo, arriba a la derecha hacemos clic en la rueda dentada **Configuración**.

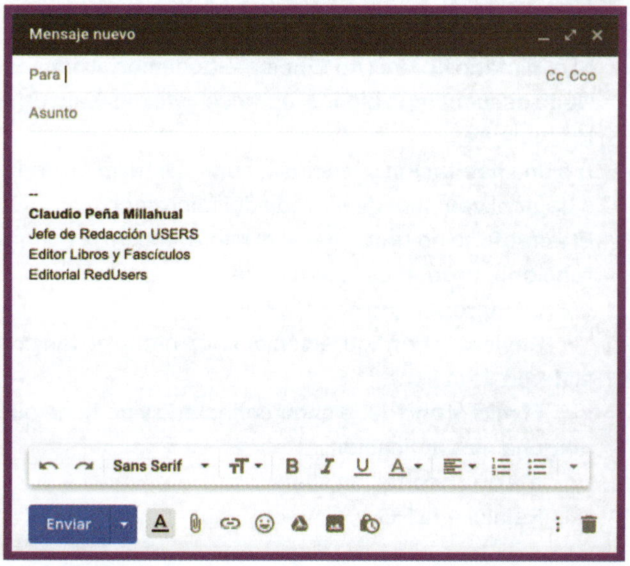

2 Escribimos el texto de nuestra firma en el cuadro del apartado **Firma**. Si queremos, podemos aplicar formato añadiendo una imagen o cambiando el estilo del texto.

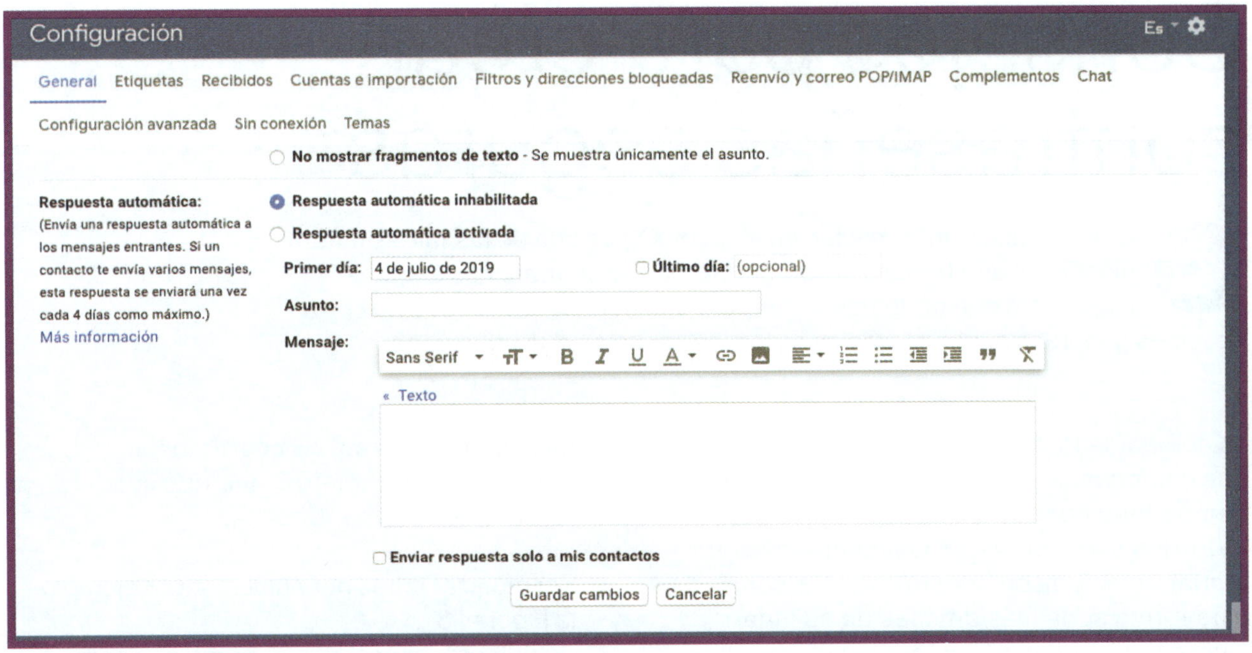

3 Hacemos clic en el botón **Guardar cambios** situado al final de la página, y listo, ya tenemos firma.

Añadir una firma si utilizamos la función "Enviar correo como"

Si utilizamos la función Enviar correo como para enviar correos desde distintas direcciones desde nuestra cuenta, podemos añadir una firma distinta para cada dirección. En la página Configuración, selecciona la dirección que queramos en el menú desplegable que hay encima del cuadro de texto de la firma. Si no vemos el menú desplegable abrimos la página de configuración Cuentas e importación. Comprobamos que nuestras direcciones estén incluidas en la sección Enviar correo como.

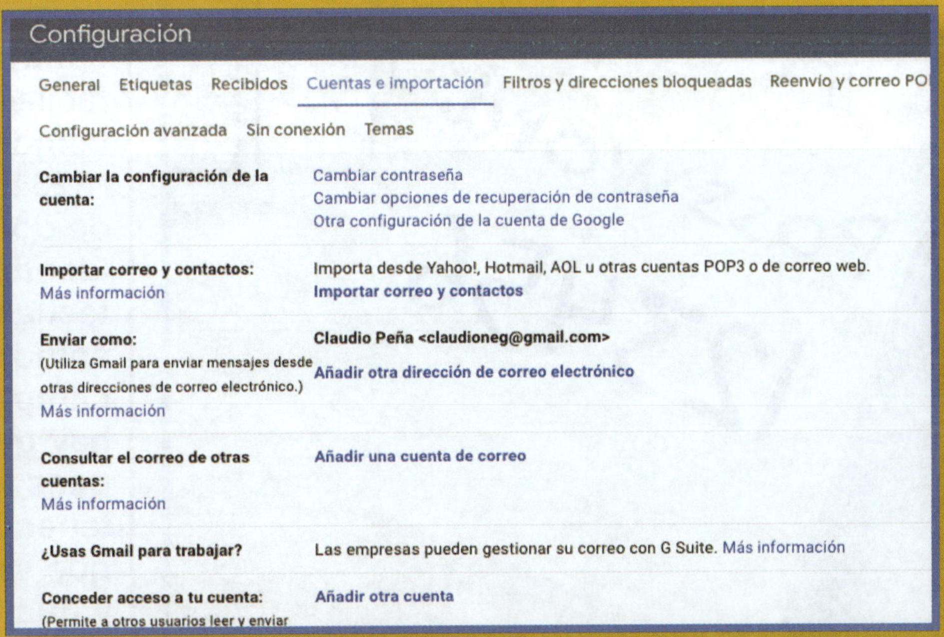

Consejos para crear contraseñas seguras

Cuidar nuestra información en el siglo XXI es una de las tareas más difíciles, y una forma de protegerla es crear contraseñas seguras. Lo primero que podemos hacer para que nuestra privacidad no corra riesgo es generar claves seguras en todos los servicios que utilicemos.

La compañía Panda Security recomienda que cambiemos las contraseñas cada cierto tiempo, que no usemos la misma clave en todos los servicios y que las contraseñas no tengan relación con nuestra vida personal, de esta forma sería más difíciles de adivinar. Queremos ayudarte a crear las contraseñas más seguras del mundo, (o por lo menos más seguras que las actuales) por eso vamos a compartir trucos para que mejores tu seguridad,

Antes de presentar los trucos para crear contraseñas seguras, compartimos algunos tips en cuanto a formatos, que nos ayudarán a recordar nuestras contraseñas:

- Reemplazar letras por números, por ejemplo la E por el 3
- Decidir usar siempre un determinado número de mayúsculas y su posición, por ejemplo: las dos últimas letras de una contraseña
- Usar siempre símbolo en nuestra contraseña, por ejemplo : @, # o %

Es sorprendente la cantidad de personas que usan contraseñas muy fáciles de descifrar, como "password", "12345", su número de documento de identificación, o fechas importantes como su cumpleaños. Esto hay que evitarlo pues no es difícil tener contraseñas que sean seguras y que podamos recordar.

A PARTIR DE UNA FRASE

Pensemos en una frase que tenga algún significado personal, en lo posible, que no la conozca nadie más que nosotros. No debe ser ni muy larga ni muy corta, para no correr el riesgo de olvidarla. En lo posible, tiene que incluir mayúsculas, números y símbolos.

COMBINACIÓN DE DOS PALABRAS

Elegimos dos palabras y construimos otra alternando sus letras. Por ejemplo, de **Merienda** y **Coche** podemos formar: **Cmeochedarien**

CONVERTIR VOCALES EN NÚMEROS

Es uno de los trucos más conocidos, pero combinado con los otros, permite crear contraseñas seguras. Ejemplo: nuestra clave **Cmeochedarien** quedaría **Cm30ched@ri3n**.

SIN VOCALES

En lugar de reemplazarlas por números como en el ejemplo anterior, podríamos eliminar las vocales por completo. Si además partimos de un término inventado, como nuestro **Cmeochedarien**, la contraseña resultante será más robusta: **Cmchdrn**

EL TRUCO DEL TECLADO

Se trata de reemplazar números por letras. En primer lugar, escogemos una sucesión de cifras que nos resulte fácil de recordar (por ejemplo, el código postal de la casa de un familiar). Supongamos que sea **1958**. Ahora buscamos cada uno de los números en el teclado y volvemos a introducirlos seguidos por las letras que tienen justo debajo: **1q9o5r8i**

UNA PALABRA Y UN NÚMERO MEZCLADO

Debemos elegir palabras y números que tengan los mismos caracteres. Por ejemplo: **Mono** y **4765**. El truco está en ir colocando las letras una a una, intercalando las cifras del número pero a la inversa. Así: "**M5o6n7o4**".

CAMUFLARSE EN EL ENTORNO

Usar la misma contraseña en varios servicios o herramientas no es la mejor idea, pero podemos hacer un sencillo truco para mejorar la seguridad de nuestra clave. Por ejemplo, si queremos registrarnos en Facebook incluimos las siglas **FB** al principio o al final de la clave (regular). Si lo aplicamos a nuestro primer ejemplo:

Ac@ballor3gal@D0FB
FBAc@ballor3gal@D0
FAc@ballor3gal@D0B

COMBINACIONES CREATIVAS

Algunos atacantes dedican muchas horas a pensar en cómo averiguar nuestra contraseña. Conocen todos estos métodos, y su efectividad depende de lo bien que los combinemos entre sí y de las palabras o números que utilicemos como punto de partida. ¿El secreto? Combinar todos estos trucos para crear nuestras contraseñas; cuantas más combinaciones hagamos, más seguras resultarán.

Administrar el tiempo con Calendario

Google Calendar es una aplicación muy útil para organizar nuestro día a día. Podemos usarla desde la PC o dispositivos móviles. Esta herramienta nos ayuda a mantener actualizadas citas, entrevistas, trabajos a entregar, cumpleaños, vacaciones, etcétera.

Google Calendar nos permite agregar, arrastrar y soltar eventos de una fecha a otra sin recargar la página. Ofrece una variedad de vistas, tal como semanal, mensual y agenda. Podemos agregar rápidamente eventos de calendario tecleando frases en lenguaje natural, tal como "Clase de gimnasia 4pm", y fijar el número de días a mostrar en su modo de vista personalizada. Todos los eventos en un Google Calendar pueden ser comentados por los usuarios.

Calendar

1 Accedemos a **https://calendar.google.com**. Si ya tenemos una cuenta de Google, lo hacemos desde allí; de lo contrario, hacemos clic en **Crear una cuenta**. Una vez que accedemos, vamos al Calendario. Para cambiar un parámetro presionamos en **Configuración**.

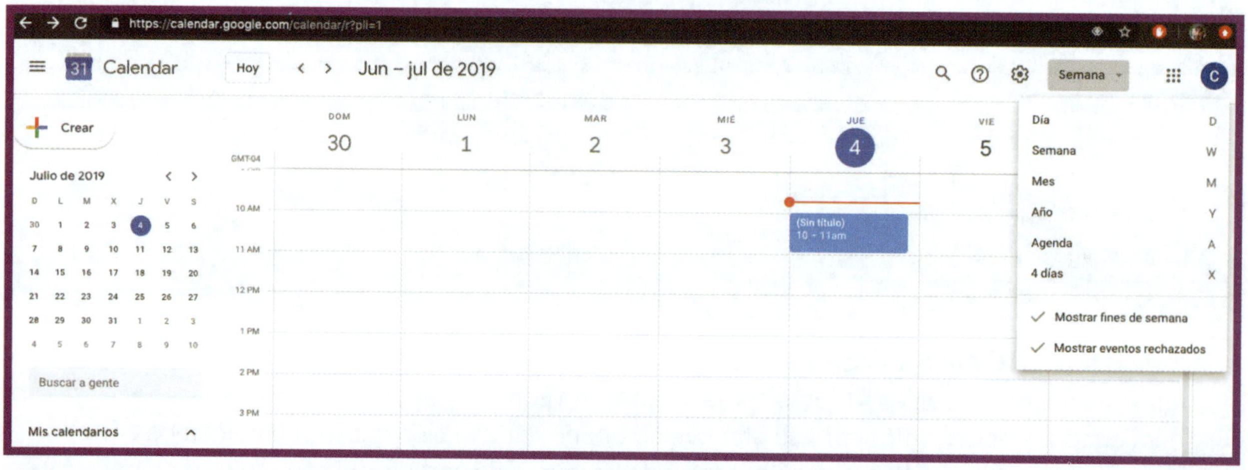

2 Para crear una cita o evento, solo debemos elegir **Crear** desde la columna izquierda. Se abrirá una ventana emergente, donde seleccionamos si queremos evento, recordatorio o cita. Luego completamos los campos **Título** y **Horario**, y guardamos.

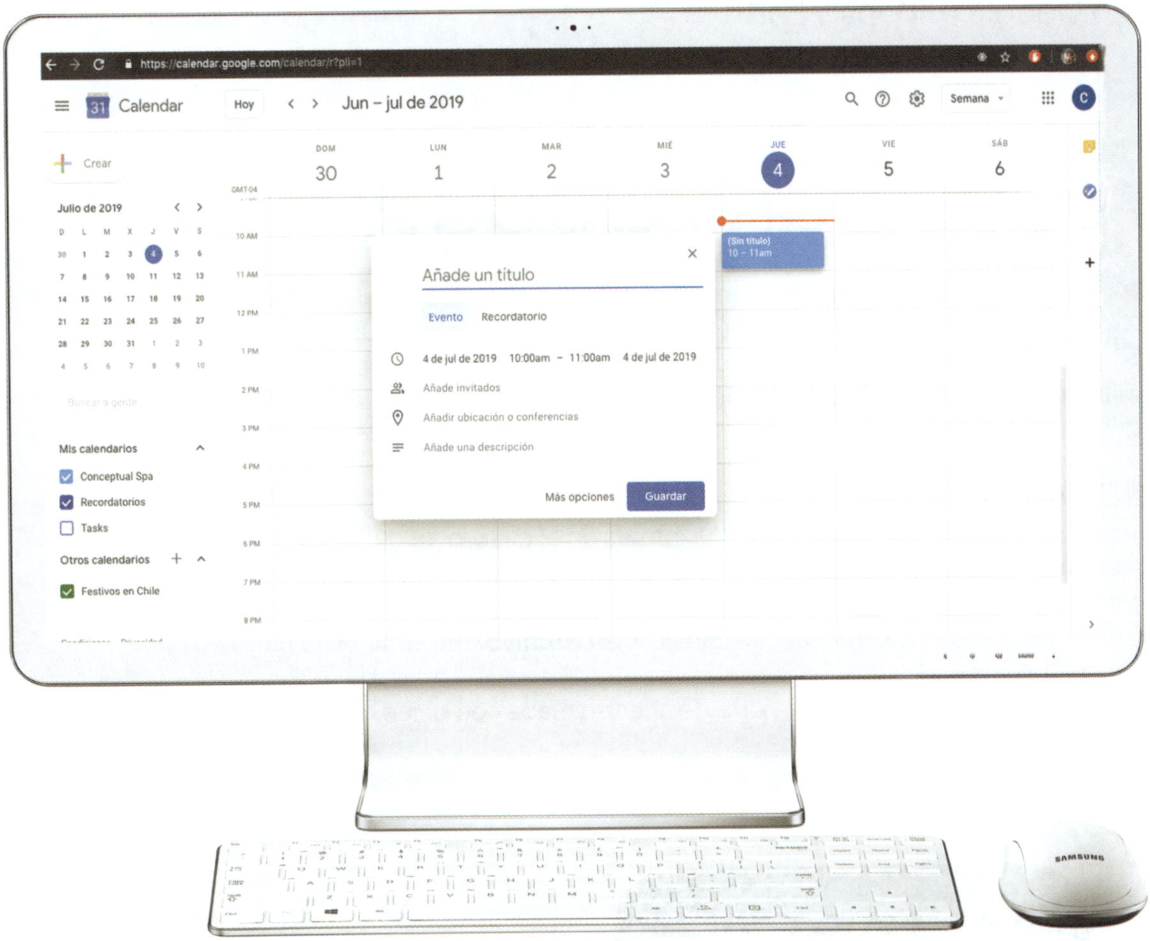

3 También podemos crear una cita directamente haciendo clic sobre la fecha y hora, se abrirá una ventana emergente, allí completamos los campos.

Para acceder a las funciones avanzadas, pulsamos Más opciones. Pasaremos a una pantalla completa para agregar detalles a nuestra cita, como ubicación, notificación, descripción, etcétera.

Ver la agenda de nuestros eventos

Desde el extremo superior derecho, al lado de Configuración, podemos visualizar los eventos.

Las opciones son:

- día
- semanas
- mes
- año
- 4 días

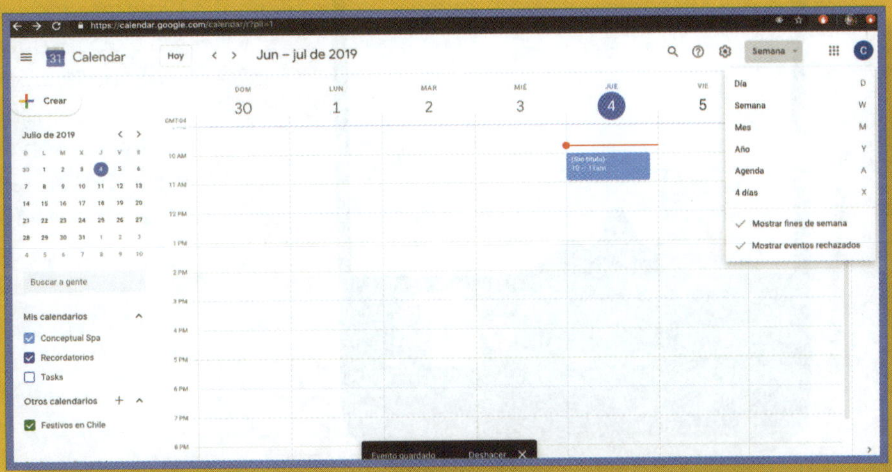

Trucos para Google Maps

Google Maps es una plataforma que permite explorar mapas, encontrar puntos de interés y obtener direcciones de cualquier lugar del mundo. Ofrece tres opciones de vista de mapas: normal, satélite y terreno. Está disponible para PC y dispositivos móviles, y se puede utilizar como un GPS portátil.

Funciones

- **Buscar**: Escribir una dirección o lugar de interés en el cuadro de búsqueda.
- **Street View**: Visualizar lugares de interés, tal y como lo haríamos si nos encontrásemos en ellos.
- **Imprimir**: Para imprimir el mapa, hacemos clic en **Archivo/Imprimir** en la barra de menú del navegador.
- **Compartir**: Podemos compartir la URL de nuestro mapa con quien queramos.

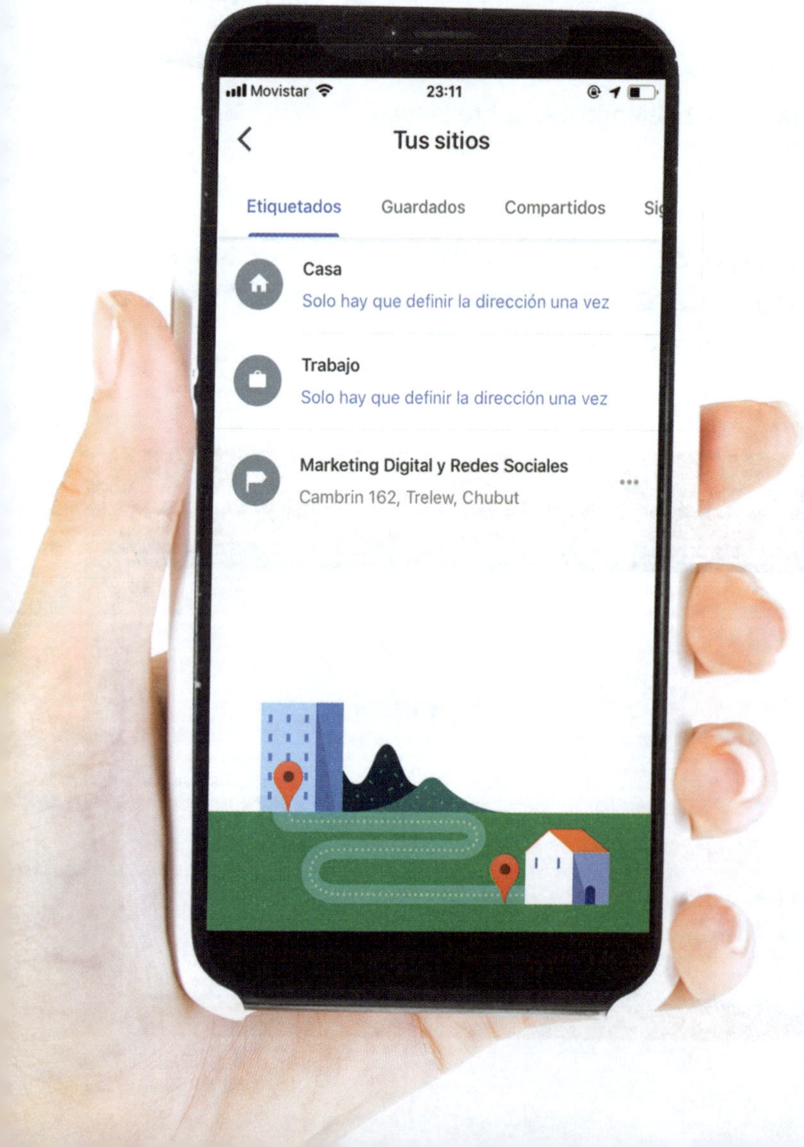

1

CREAR UN ACCESO DIRECTO A CASA U OFICINA

Podemos agregar en el mapa una localización fija con la dirección de nuestra casa, y otra, si queremos, con nuestro trabajo o cualquier otro sitio. Vamos a **Menú/Tus lugares (o Tus sitios)/Casa/Establecer casa/Ubicar en mapa**.

A partir de ahí, cuando estemos perdidos en la ciudad, podemos pedir a Google que nos indique cómo ir desde la localización actual hasta nuestro hogar. Y no solo eso, sino que, teniendo en cuenta el lugar donde nos encontramos en ese momento y el tráfico real, nos dice cuánto tiempo tardaremos en llegar a destino.

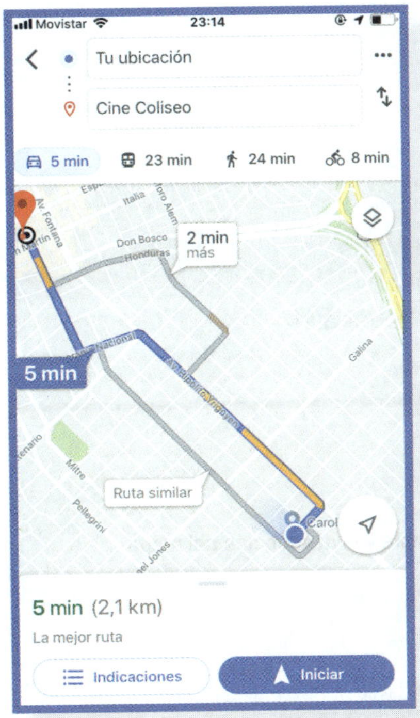

2

COMPROBAR LOS HORARIOS DEL TRANSPORTE

Cuando buscamos una ruta en Google Maps, podemos elegir entre varios medios de transporte: coche, transporte público, bicicleta o a pie. Si escogemos transporte público, Google Maps permite comprobar los horarios directamente desde nuestra consulta, sin tener que recurrir a las webs oficiales de los servicios en cuestión. Si la ruta que buscamos corresponde a dos ciudades entre las que hay vuelos directos, entonces la barra lateral mostrará esa información: vuelos directos al día, precios, compañías aéreas que cubren el tramo, etcétera.
Si además necesitamos ampliar esa info, todo lo que tenemos que hacer es elegir **Ver resultados en Google Flights**.

3

ENCONTRAR DÓNDE DEJAMOS ESTACIONADO EL AUTO

Apenas bajamos del auto, abrimos la app y tocamos el punto azul que aparece en pantalla y marca nuestra ubicación. Luego seleccionamos la opción **Establecer Ubicación como aparcamiento** o **Guardar estacionamiento**, y el punto quedará identificado con el icono de parking. Esa etiqueta se borra automáticamente a las pocas horas o podemos hacerlo a mano cuando regresemos al auto.

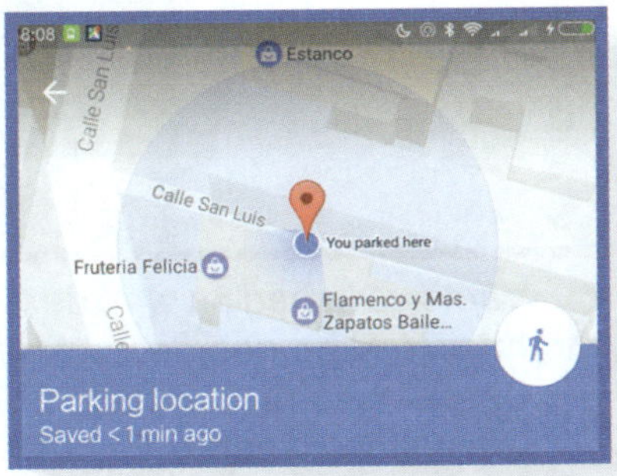

4

RECORRER VISUALMENTE UN LUGAR USANDO STREET VIEW

Desde dispositivos móviles tenemos que seleccionar la dirección que queremos desplegar en esta vista, mantener pulsado en ese punto hasta que se crea un marcador, y entonces pulsar sobre el botón **Street View**, que se abre como opción desplegable. En la computadora, tenemos que desplazarnos hasta el punto que queramos ver en Street View y, una vez que estemos ahí, seleccionar el monigote naranja de la parte superior derecha y, sin soltar, arrastrarlo hasta el punto donde queremos desplegar la vista.

Un mapa personal

Aquí veremos cómo crear un mapa personalizado en Google Maps, de forma que podamos mostrar a quien deseemos la ubicación de un determinado lugar o realizar indicaciones sobre como llegar a él.

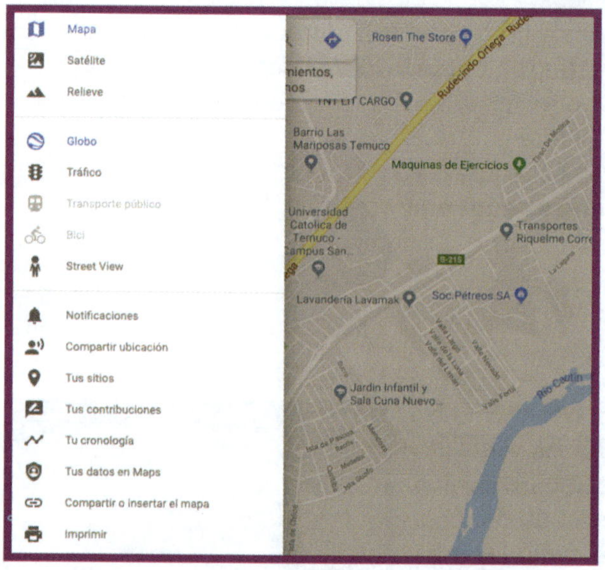

1 Vamos a la página web de Google Maps **http://maps.google.com**, o accedemos desde nuestra cuenta de Google, presionamos sobre **Tus sitios**.

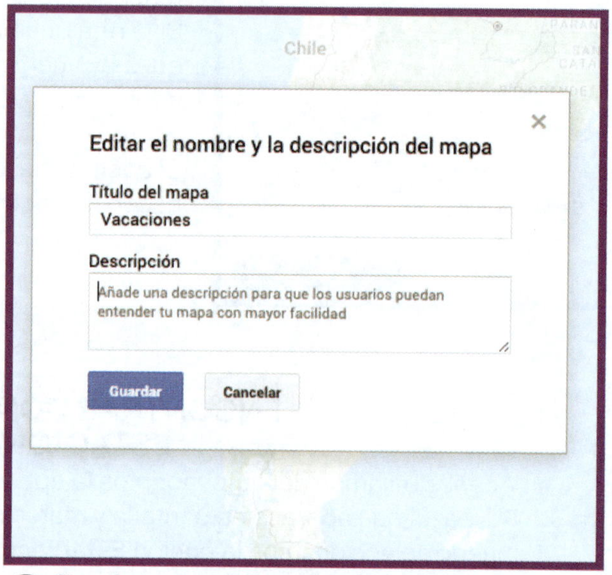

2 Presionamos sobre **MAPAS** y luego en **CREAR MAPA**. Ingresamos un nombre para nuestro mapa y una pequeña descripción.

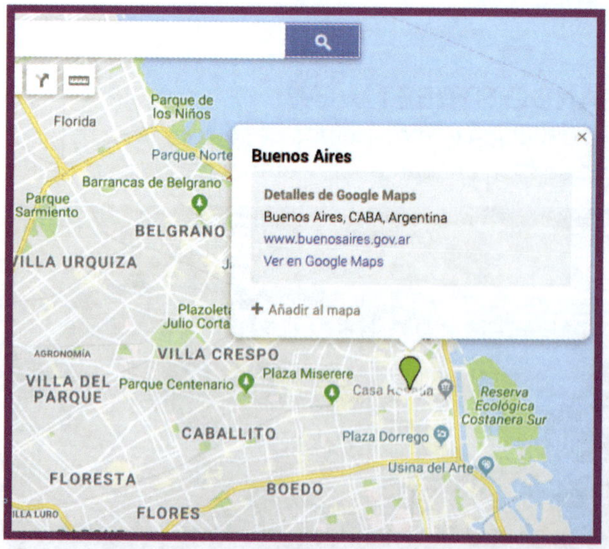

3 Utilizamos la barra de búsqueda para encontrar los lugares que deseamos agregar, por ejemplo **Buenos Aires**. Una vez que ubiquemos el lugar presionamos **Añadir al mapa**.

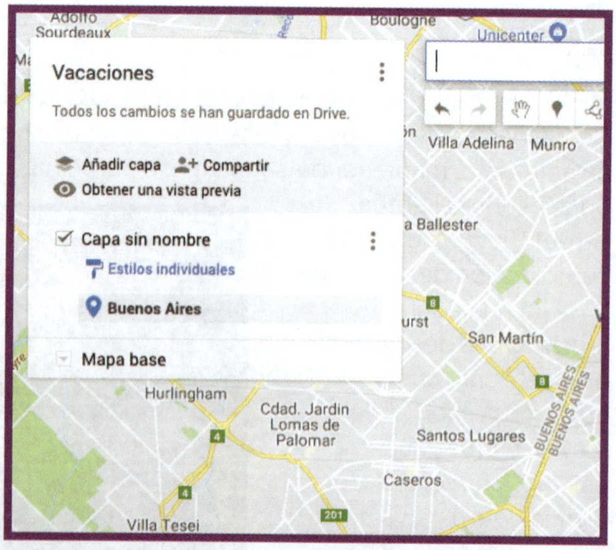

4 Podemos ver los lugares que hemos agregado en el panel lateral.

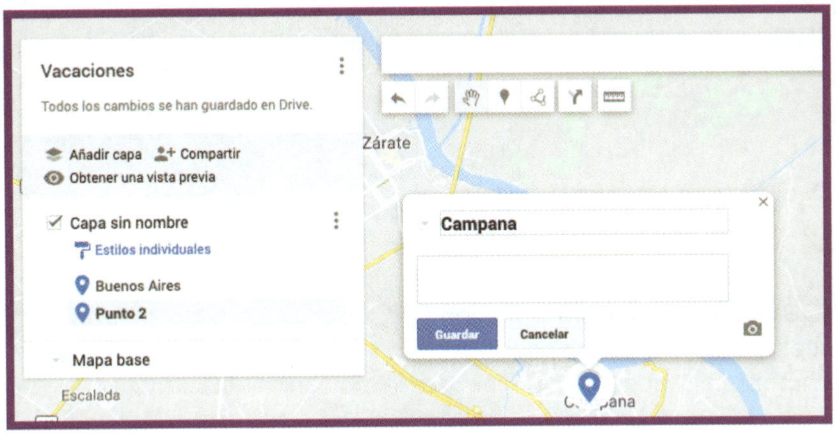

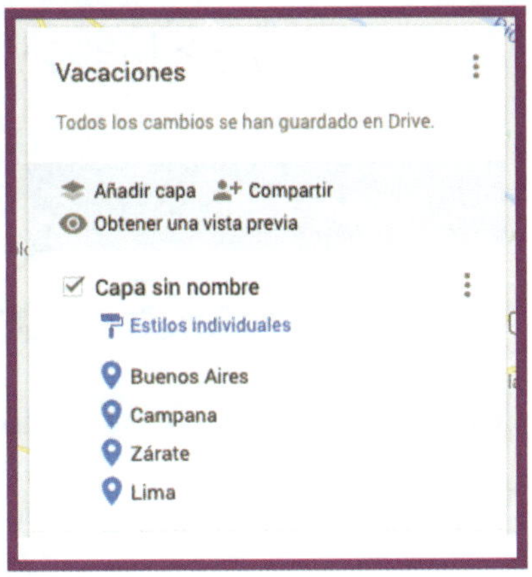

5 Para elegir lugares directamente desde el mapa, utilizamos la herramienta **Añadir marcador** y hacemos clic en el punto adecuado del mapa, luego escribimos un nombre y una descripción, presionamos **Guardar**.

6 Agregamos los lugares que deseemos hasta completar nuestro mapa.

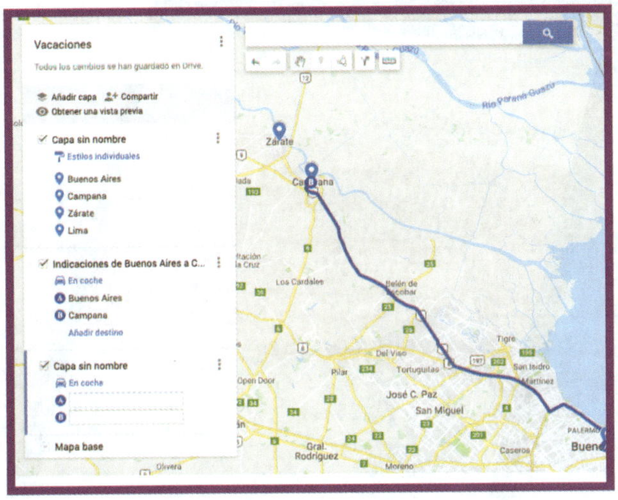

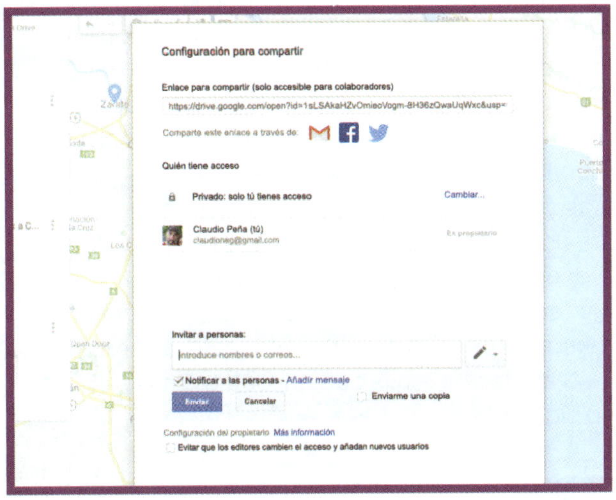

7 Elegimos la herramienta **Dibujar línea** y luego presionamos **Añadir ruta en coche**. Elegimos el primer punto de nuestro recorrido y luego hacemos clic en el segundo, así podremos ver la ruta adecuada en coche.

8 Para compartir nuestro mapa presionamos sobre **Compartir**, desde el panel lateral de opciones. En la ventana que aparece buscamos a los usuarios con quienes compartiremos y asignamos los permisos adecuados.

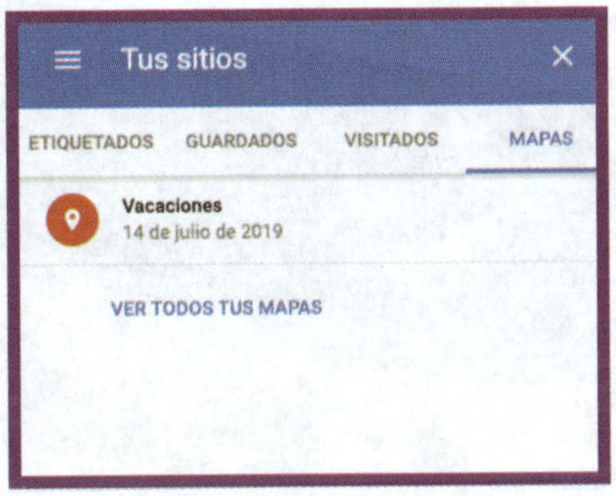

9 Nuestro mapa quedará guardado en la sección **MAPAS**, de Google Maps.

Compartir en un sitio web

Para colocar el mapa en una página web debemos pulsar sobre Compartir, luego Cambiar y finalmente sobre Activado: público en la Web. Una vez hecho público, pulsamos sobre los tres puntos verticales y elegimos Insertar en mi sitio web. Recibiremos un código, que podemos pegar en cualquier página web.

Alertas SOS

El objetivo de las alertas SOS es hacer que la información de emergencia sea más accesible durante un desastre natural o provocado por el hombre.

Google recopila **contenido relevante y fiable** procedente de la Web, las redes sociales y otros medios, y luego lo destaca en productos de Google como la **Búsqueda** y **Maps**. En función de la naturaleza de la crisis y de nuestra ubicación, puede ser que veamos novedades de autoridades locales, nacionales o internacionales que incluyan números de teléfono y sitios web de emergencia, mapas, traducciones de frases útiles y oportunidades de donación, entre otras opciones.

Las alertas se mostrarán como resultado de una búsqueda sobre la emergencia en sí. Por ejemplo, si vivimos en Chiapas y hay un terremoto en la CDMX, cuando busquemos información al respecto, aparecerá una alerta SOS en la que encontraremos lo siguiente:

- Mapas del área afectada
- Historias principales
- Información local oficial (cuando esté disponible)
- Números de teléfono y sitios web de emergencia
- Traducciones de frases útiles
- Posibilidad de hacer donaciones (cuando esté disponible)

En Google Maps, veremos un icono específico en el mapa y una tarjeta interactiva con más información sobre la crisis, como números de teléfono y sitios web útiles.

El mapa también incluirá actualizaciones en tiempo real, como cierres de carreteras y actualizaciones de tránsito.

Dependiendo de cuán cerca estemos de la zona afectada, también podremos recibir una notificación al dispositivo móvil con esta información.

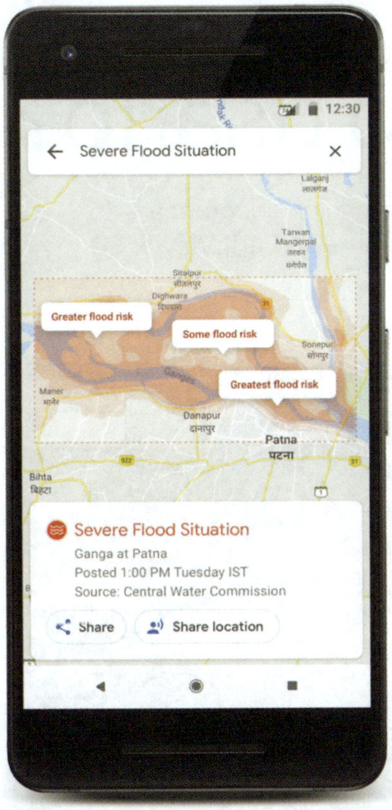

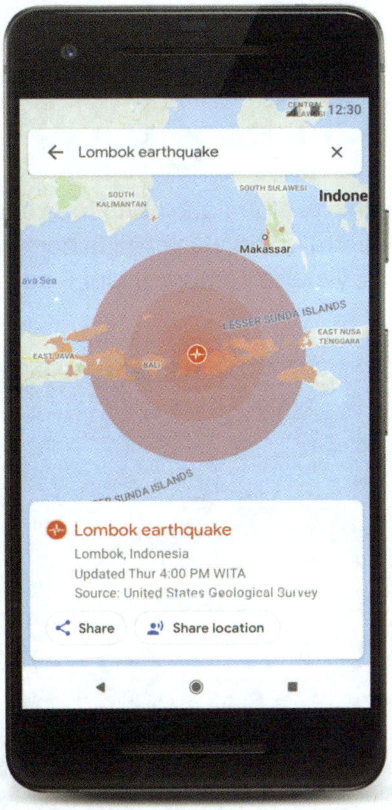

¿En qué situaciones recibiremos alertas SOS?

Si estamos cerca de una **crisis importante** y buscamos palabras o frases relacionadas en Google, puede ser que veamos un banner que indica que hay una crisis en curso, seguido de la **información de emergencia** y recursos como traducciones útiles o números de teléfono. Si tenemos instalada la última versión de la aplicación de Google (Android o iOS) y nuestra ubicación está activada, también es posible que recibamos una notificación en la pantalla de inicio de nuestro dispositivo móvil. Tocamos la notificación para ver la alerta completa en la Búsqueda de Google.
Cuando nos encontremos fuera de la zona de crisis, no recibiremos ninguna notificación, pero podremos encontrar alertas SOS buscando información sobre el suceso. Puede ser que la información que veamos sea distinta de la que ven otras personas que estén más cerca del lugar en cuestión. Por ejemplo, en vez de ver los números de teléfono de emergencia, puede que veamos un enlace para hacer una donación para esa crisis.

¿Cómo decide Google cuándo mostrar una alerta SOS?

Google tiene en cuenta una serie de factores, como la conectividad a Internet en la zona afectada, la disponibilidad de contenido oficial de los gobiernos y otras organizaciones autorizadas, y el impacto sobre el terreno. Las alertas SOS suelen estar disponibles en los idiomas oficiales de la zona afectada y en inglés. El objetivo de Google es que sean más generalizadas con el tiempo.

Cuando usamos Google Maps, también podemos ver las alertas SOS directamente en el mapa si hay alguna activa en el área que estamos viendo. Tocamos el icono para obtener más información sobre la crisis, como números de teléfono y sitios web de utilidad.

Google Earth, ¿cómo usarlo?

Google Earth es una aplicación gratuita que pone toda la información geográfica del mundo al alcance de nuestra mano. Fue creada bajo el nombre de EarthViewer 3D por la compañía KeyholeInc, y luego comprada por Google en 2004.

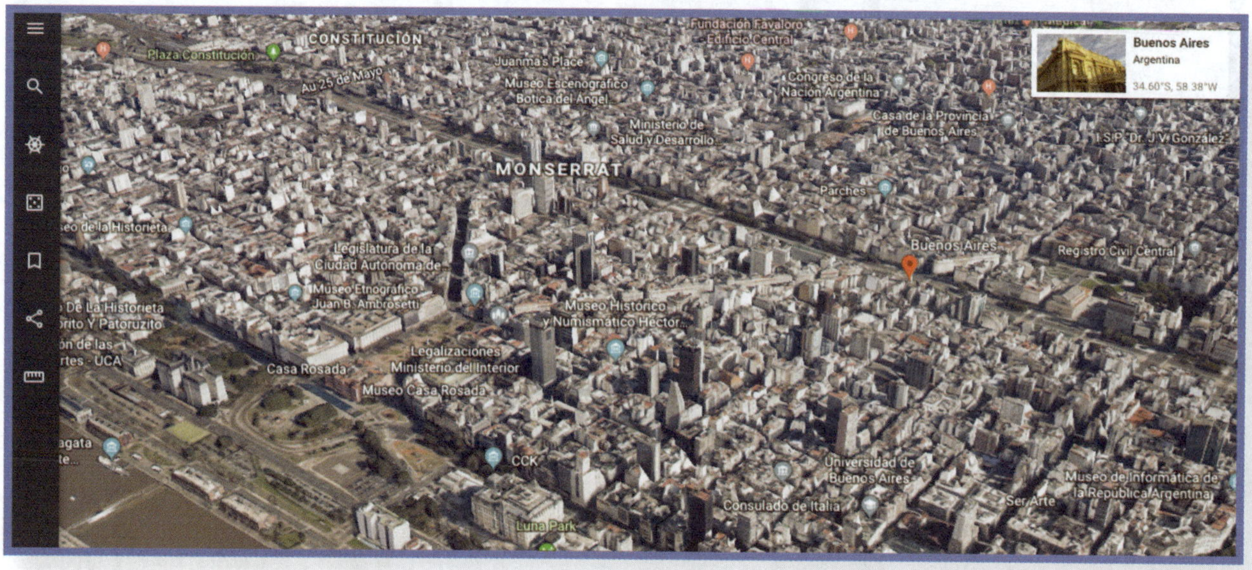

Google Earth es parte del Google Pack y puede ser utilizado como atlas, enciclopedia o simulador de vuelo. Los pueblos, ciudades y desniveles del terreno se muestran en imágenes en 3D de alta resolución, asociadas a información relacionada.

¿Para qué podemos usarlo?

Nos permite disfrutar de viajes virtuales por todo el mundo, buscar información local y planear recorridos, explorar contenido multimedia y compartir datos. Podemos utilizar Google Earth para buscar hoteles, restaurantes, escuelas, hospitales, etcétera, y para pedir indicaciones sobre cómo llegar a ellos desde donde nos encontremos.

Guía práctica

Lo primero que debemos saber es que podemos hacer zoom sobre nuestro planeta con la rueda del mouse, los símbolos más y menos que se muestran en la zona inferior derecha de la pantalla, o bien con el gesto del pellizco si usamos una pantalla táctil. También podemos girarlo deslizando el dedo o con el mouse. Entre las opciones que encontramos en la barra lateral izquierda, en primer lugar está el botón del menú. Si hacemos clic sobre él, veremos que se muestran los datos de nuestra cuenta de Google y, a continuación, las opciones **Buscar**, **Voyager**, **Mis sitios**, **Estilo del mapa**, **Fotos**, **Configuración**, **Comentario** y **Ayuda**.

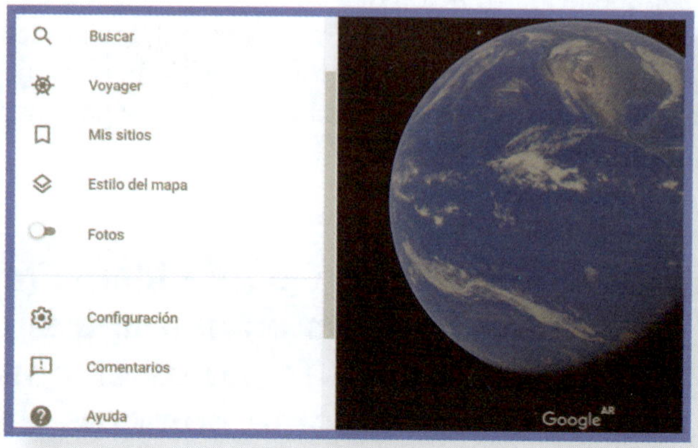

Opción Buscar

La opción **Buscar**, también disponible fuera del menú en la barra de la izquierda de Google Earth, nos permite localizar cualquier lugar del mundo a través de Google Earth.
Si el sitio que hemos buscado está disponible en 3D, entonces desde las opciones que se muestran en la parte inferior derecha de Google Earth, podremos elegir esta vista y disfrutar del lugar en 3D. No todos los sitios están disponibles en esta vista, por lo que algunos tendremos que verlos en 2D.

Google Street View

También podemos usar la vista de **Google Street View** al igual que hacemos en Google Maps. Basta con hacer clic sobre el icono del muñeco y, sin soltar, arrastrarlo hasta la zona donde queremos activar la vista. Junto al icono del muñeco de Google Street View, aparece otro que nos permite ir directamente a la vista en Google Earth de nuestra ubicación actual (previamente, debemos permitir el acceso).

Voyager

Otra de las opciones que encontramos en el menú de Google Earth es **Voyager**. Al hacer clic sobre ella, podremos seleccionar un tema y a continuación iniciar un viaje. Es posible escoger entre viajes, naturaleza, cultura, deportes, historia, educación, selecciones del editor y capas. Con una de estas opciones seleccionadas, Google Earth nos propondrá una serie de viajes para dicho tema, y con solo hacer clic sobre el que queramos, iniciaremos la aventura.
Por ejemplo, si seleccionamos el tema **Viajes** y elegimos descubrir **Hong Kong**, automáticamente Google Earth nos propondrá lugares destacados de dicho sitio para que podamos planificar nuestro viaje. Al hacer clic sobre cualquiera de ellos, viajaremos automáticamente a él y, además, se nos mostrará una ventana con información del lugar visitado.

En la parte superior se mostrará en todo momento la opción de volver al índice de nuestro viaje para ir a otros lugares recomendados por Google Earth.

Mis sitios

Desde la opción del menú **Mis sitios**, podemos guardar y recuperar aquellos sitios que más nos hayan gustado, para verlos cuando lo deseemos.

Además, también podemos seleccionar la opción **Compartir** si queremos que otros amigos o familiares puedan ver ese rincón del mundo que tanto nos gusta.

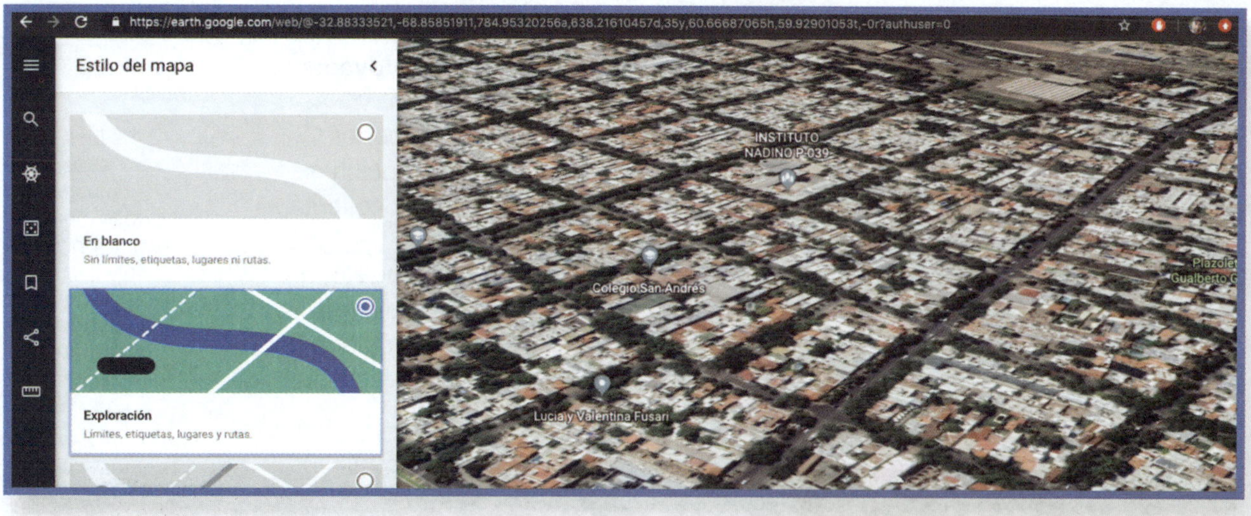

Estilo del mapa

La opción **Estilo del mapa** nos da la posibilidad de elegir entre cuatro tipos de vistas para seleccionar la cantidad de información que queremos ver. Si elegimos el estilo de mapa simplificado, solo veremos imágenes, sin fronteras ni etiquetas ni carreteras. El estilo exploración muestra imágenes y la mayoría de los sitios de interés, como fronteras, etiquetas y carreteras, mientras que el estilo Todo muestra todo lo del estilo anterior más puntos de referencia, empresas, transporte público, etcétera. También podemos elegir un estilo de mapa personalizado en el que nosotros mismos optamos por lo que queremos ver al usar Google Earth.

Sitios de interés

Los sitios de interés se muestran con chinchetas de diferentes colores según las categorías. Las de color anaranjado representan sitios de comida y bebida; las azules, venta minorista; las verdes son actividades al aire libre; los servicios de emergencias se muestran en color rojo; y en un azul más apagado, los servicios urbanos.

Lo que debemos saber antes de crear un canal de YouTube

YouTube es la plataforma de videos con mayor penetración en el mundo, con más de 1500 millones de usuarios. Muchas empresas y negocios la utilizan como parte de su estrategia digital: influencers, famosos, ambientalistas, políticos, músicos y más. Todos tenemos acceso a ella y podemos crear un canal, pero antes debemos considerar algunos factores.

Antes de crear nuestro canal debemos responder a tres preguntas:
¿A quiénes? ¿Para qué? ¿Qué?

¿A quiénes?

Es preciso tener muy claro a **qué público queremos atraer**, para poder generar contenido específico. No solo debemos pensar en edad, sexo y país, sino también en intereses, para poder adaptar el contenido en función de estas variables. Por ejemplo, si queremos atraer a un público joven, usaremos un lenguaje más coloquial y tendencias virales, mientras que si nos dirigimos a un país determinado, usaremos palabras que se utilizan allí.

¿Para qué?

Aunque parezca obvia, es la pregunta que debemos hacernos antes de crear un canal de YouTube. Saber el **para qué** nos ayudará a organizarnos y a **generar una estrategia de contenido original** y, sobre todo, diferente de la de Facebook o Instagram. Lo peor que podemos hacer es subir los mismos contenidos en todas las redes.
¿Queremos llevar tráfico a nuestro sitio o queremos posicionarnos como referentes en una temática? Por ejemplo: una empresa de materiales para la construcción puede crear un canal de YouTube con tutoriales para el consumidor final, con el fin de atraer a este segmento, que no necesariamente es el público de sus redes.

¿Qué?

Esta es la pregunta que involucra al contenido, y está ligada al público (para quién) y al objetivo (para qué). Conociendo estas dos variables, podemos diseñar lo que vamos a subir, y la forma más fácil de hacerlo es pensar en recursos y formatos: problema y soluciones, humor, narraciones, comparaciones, colecciones, tips, sorteos o concursos, tutoriales, y más.
Veamos un ejemplo: una zapatería podría usar YouTube para subir stand up sobre mujeres, teniendo como concepto su pasión por el calzado y utilizando el humor como recurso.

Branding, nuestra esencia

El branding es lo que nos diferencia del resto; es nuestra esencia y nos permite posicionarnos. A continuación, compartimos algunos aspectos de nuestra marca que debemos tener en cuenta a la hora de crear un canal.

Una vez que definimos el público, el objetivo y el contenido que vamos a utilizar, queda darle nuestra impronta. Los elementos básicos de nuestro branding son: logo, colores, banner de cabecera, estilo de miniatura, tipo de letra, etc. Pero no basta con el diseño; también la locación y la vestimenta que elijamos son parte de nuestro branding, como las temáticas y formatos, la manera de presentarnos y de hablar. Todo debe transmitir nuestra esencia.

Nombre del canal

Es muy importante elegir un **nombre estratégico para nuestro canal**. Si queremos posicionarnos por una palabra clave, es recomendable realizar una pequeña investigación (Keyword Research) para elegir una adecuada a nuestro target.

Podemos utilizar la herramienta de **palabras clave de YouTube** o el **YoutubeSuggest**, la caja de búsqueda ubicada en la página de inicio de YouTube (sin estar logueado).

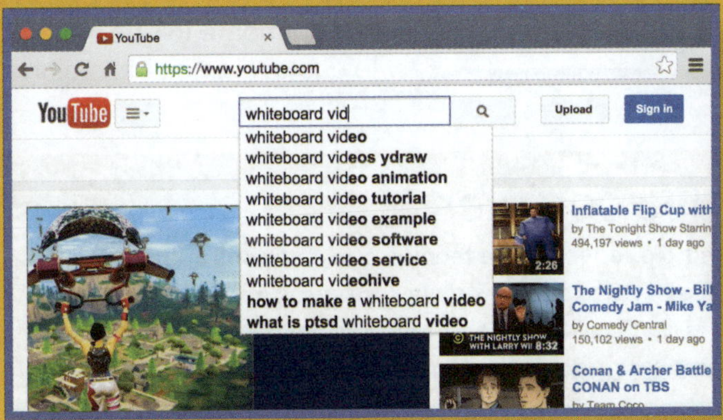

Imagen de avatar

Es necesario elegir un avatar o imagen del canal que nos represente. Puede ser el logo de nuestra empresa o una foto nuestra, en caso de tratarse de una marca personal. Siempre es recomendable usar una foto en primer plano y no de cuerpo entero, pero esto puede variar según la marca. El tamaño tiene que ser de 200×200.

Imagen de portada de YouTube

Quienes no son diseñadores profesionales pueden recurrir para esta etapa a la herramienta Canvas. Solo basta con saber las medidas necesarias. No olvidemos incluir nuestro logo, colores de marca y una imagen que nos represente.

Descripción del canal

Un espacio que muchos olvidan completar y que es muy importante para nuestro posicionamiento es la descripción. ¿Cómo la aprovechamos? Incorporando palabras clave, pero teniendo cuidado de que no sea una seguidilla de términos, sino una oración con sentido.

Video Destacado o video trailer

Una estrategia adecuada para dar una buena primera impresión es crear y configurar un video destacado en el canal, que será el primero que vean los usuarios al entrar. El truco está en **elegir un video que describa perfectamente lo que hacemos** y lo que queremos transmitir.

Incorporar perfiles de redes sociales

Usar nuestro canal para llevar tráfico a nuestro sitio o redes es una técnica que podemos aplicar también en YouTube. Solo debemos completar los perfiles sociales en la configuración del canal. ¿Cómo lo hacemos? Muy fácil: presionamos en el nombre del canal y, una vez logueados, a la derecha veremos un lápiz con dos posibilidades, donde podemos incorporar nuestro web/blog y los perfiles de redes que queramos.

Cómo crear un canal de YouTube

Una vez que definimos el público, el objetivo y el tipo de contenido que queremos para nuestro canal, resta lo más importante: crearlo. Aquí veremos cómo lograrlo.

Crear un canal personal

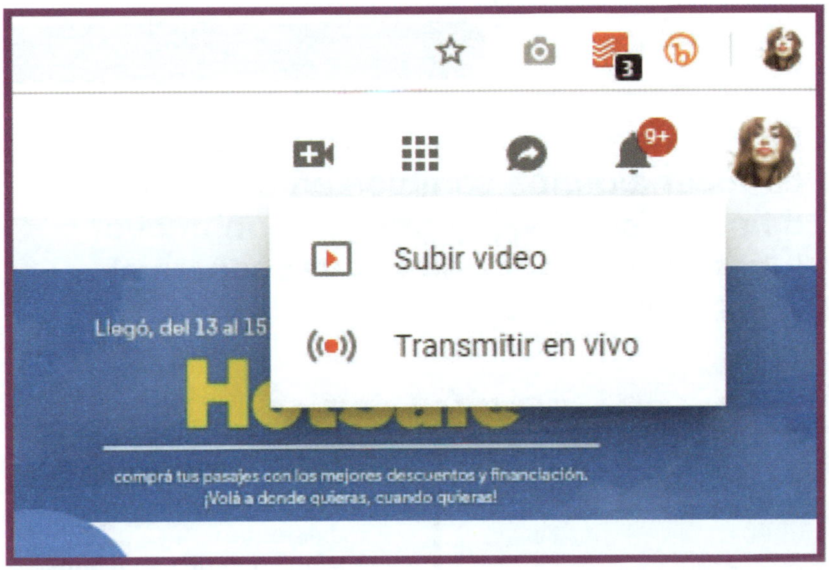

1 Desde una computadora o un dispositivo móvil, vamos al extremo superior derecho e intentamos subir un video, haciendo clic en el icono de la cámara.

2 Si aún no tenemos un canal, veremos un mensaje para crearlo. Comprobamos los datos (como el nombre y la foto de nuestra cuenta de Google) y confirmamos para iniciar el proceso.

Origen

YouTube fue creado por tres antiguos empleados de PayPal en febrero de 2005 y, en octubre de 2006, fue adquirido por Google Inc. a cambio de 1650 millones de dólares. Ahora opera como una de sus filiales y es el sitio web de su tipo más utilizado en Internet.

Crear un canal con el nombre de una empresa

Seguimos las instrucciones que aparecen a continuación para crear un canal que tenga varios administradores o propietarios.
Podemos usar una cuenta de marca para crear un canal que tenga un nombre distinto, pero que administremos desde nuestra cuenta de Google.

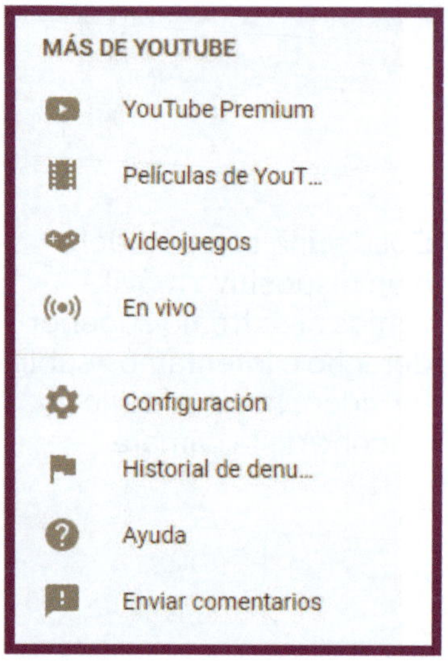

1 Desde la columna izquierda, hacemos clic en **Configuración** y, luego, en **Ver todos mis canales** o **Crear un canal nuevo**.

El 29 de agosto de 2017, YouTube dio a conocer algunos cambios en el diseño de su versión web y presentó un nuevo logotipo, que por primera vez separa el nombre del icono.

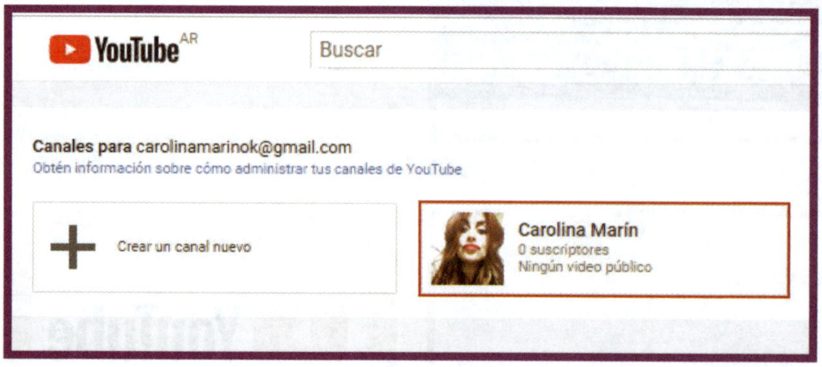

2 Elegimos si queremos crear un canal nuevo o usar una cuenta de marca existente.
Para crear un canal nuevo, presionamos en la opción de ese nombre; en caso de no tener una cuenta de marca, tendremos que crearla.

3 Completamos los detalles para asignar un nombre al canal nuevo y verificamos la cuenta. Luego, hacemos clic en **Listo**. Se creará una cuenta de marca nueva.

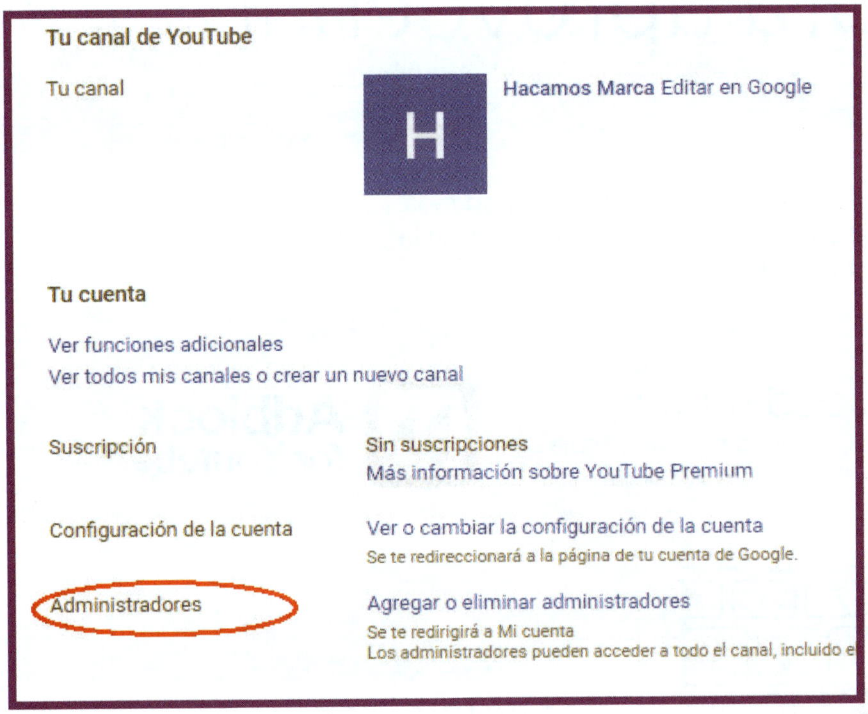

4 Desde **Configuración**, vamos hasta **Administradores** y pulsamos en **Agregar o eliminar administradores**.

Sin un canal no tenemos presencia pública en la plataforma. Incluso si contamos con una cuenta de Google, debemos crear un canal para subir videos o hacer comentarios.

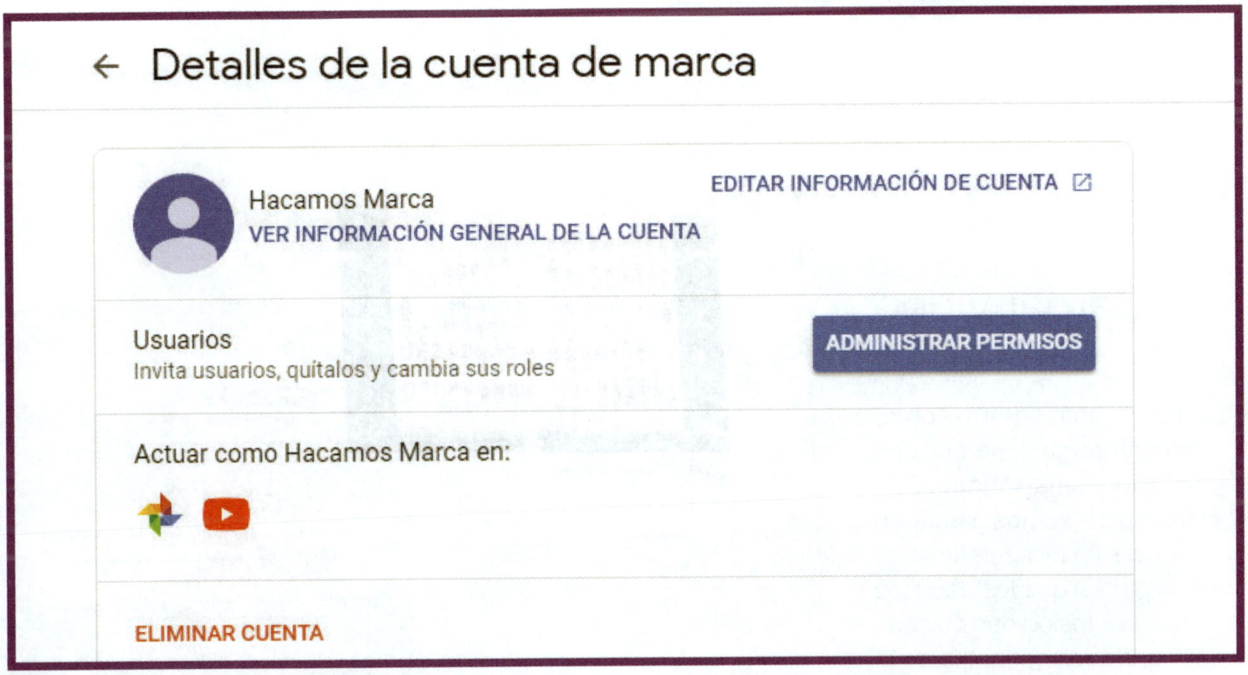

5 Hacemos clic en **Administrar permisos**. Si queremos agregar uno, lo hacemos desde el icono de la derecha, colocando su nombre.

Trucos para aprovechar YouTube

También tenemos trucos para YouTube, y aquí compartimos algunos que cumplen el objetivo de divertirnos un poco en la red, y otros que nos ayudan con más de un problema.

Adiós publicidad molesta

Esta extensión es muy útil para bloquear la molesta publicidad. Se llama Adblock para YouTube.

Adblock for Youtube™

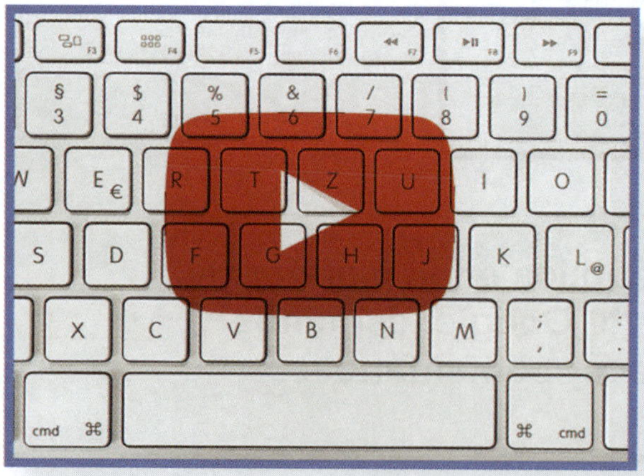

Usar solo el teclado

Si por alguna razón no podemos usar el mouse o touchpad, ingresamos **/leanbakc** después de **https://www.youtube.com** y presionamos Enter.

Cargar video en pausa

Cuando nuestra Internet corre como tortuga, tenemos una solución: **Smart Video**. Con esta app podremos cargar un video en pausa mientras se descarga. Así que les decimos adiós a los odiosos videos entrecortados por culpa de la lentitud de la conexión.

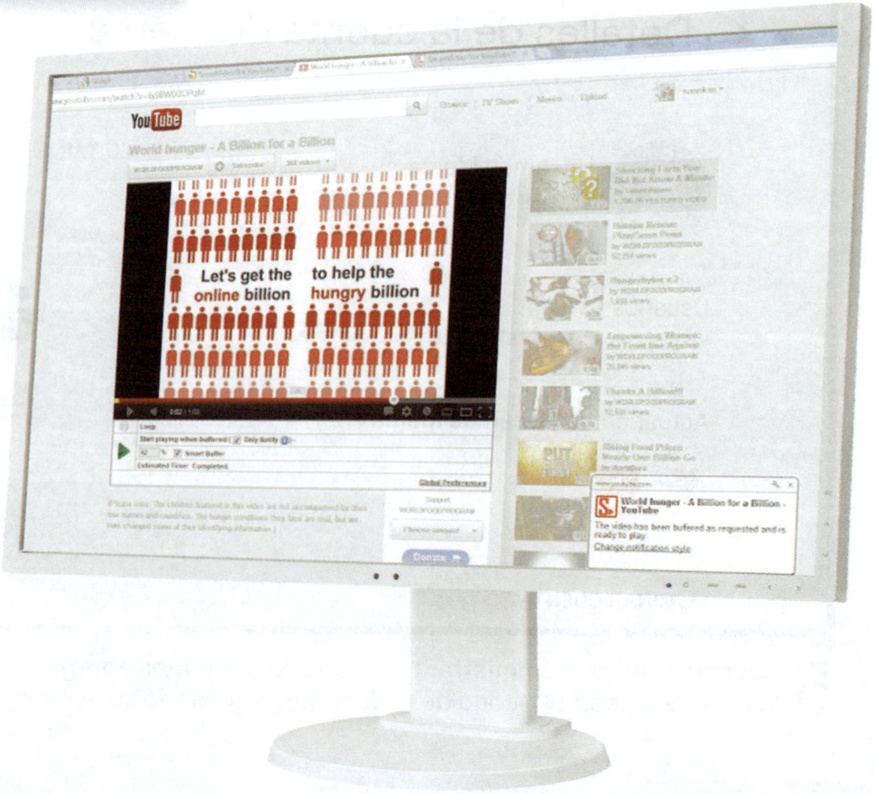

Convertir a YouTube en un reproductor de música

Podemos hacer de YouTube nuestro reproductor de música favorito. Primero debemos descargar la aplicación **Streamus**. Luego, en la búsqueda ponemos el nombre de nuestro artista favorito de este modo: **#TuArtistaFavorito**. Esto nos dará una serie de listas de reproducción ya hechas por otros usuarios, y podremos armar la nuestra de manera más sencilla. Esta aplicación también nos permite guardar discos, escuchar radio y otras tareas.

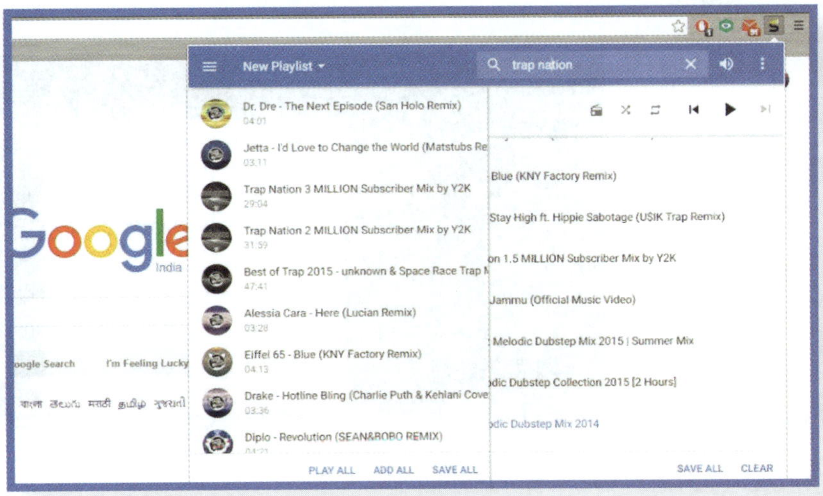

Compartir el video desde el punto justo

Compartir un video es una acción cotidiana y simple, pero lo triste es cuando tenemos que esperar cinco minutos o más para hacerlo. Este truco nos permitirá compartirlo en el momento exacto en el que queramos que vean lo que sucede en él. Una vez iniciada la reproducción hacemos clic derecho sobre él y aparecerá la opción **Copiar la URL del video a partir del minuto actual**. Pulsamos allí y pegamos el link en la pantalla siguiente.

Encontrar la página de nuestro artista favorito

Si ingresamos en la barra de búsqueda **#** más el nombre de nuestro artista favorito sin espacios, lo tendremos de inmediato.

Mejorar las búsquedas

Si conocemos el nombre completo del video que queremos, solo ponemos al inicio de la búsqueda **allintitle** seguida del título; aparecerán muchas opciones, pero únicamente aquellas que lleven ese mismo nombre. Así podremos elegir el video de mejor calidad. Esto es útil cuando buscamos algún video específico; por ejemplo, **JimCarrey, películas**.

YouTube seguro para niños

Con **YouTube Kids** podemos resguardar a los más pequeños del contenido violento o no apto para menores. Se trata de una versión de la plataforma exclusiva para niños, que podemos descargar desde cualquier Android o IOS.

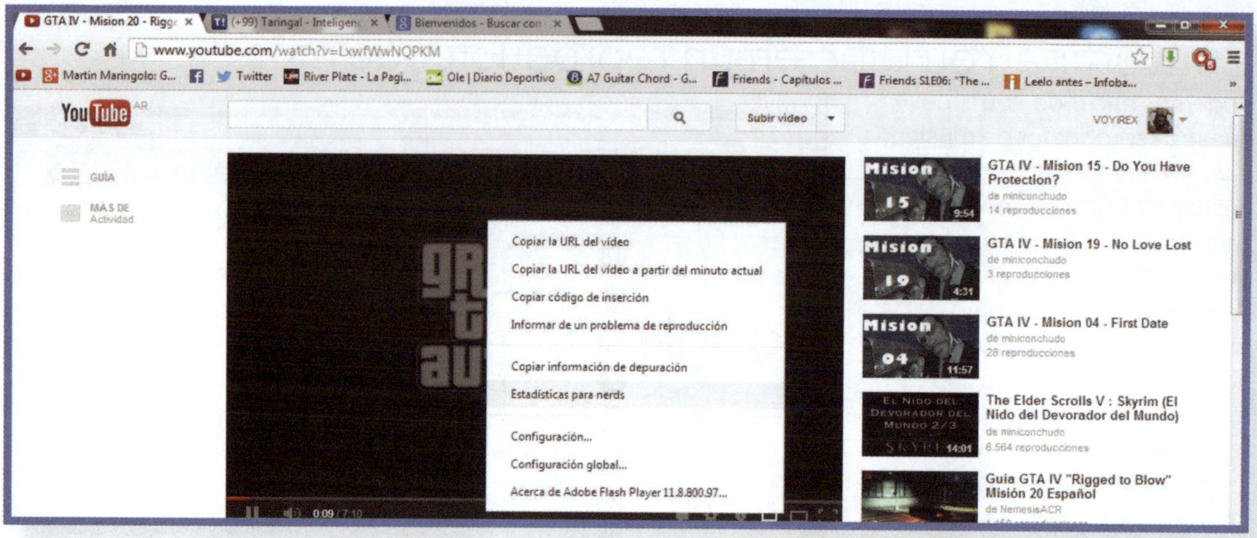

YouTube para nerds

Mientras vemos un video, si hacemos clic derecho sobre la pantalla de reproducción, encontraremos la opción **Estadísticas para nerds**, que nos permitirá acceder a todos los errores y situaciones que no ha podido reparar YouTube en él.

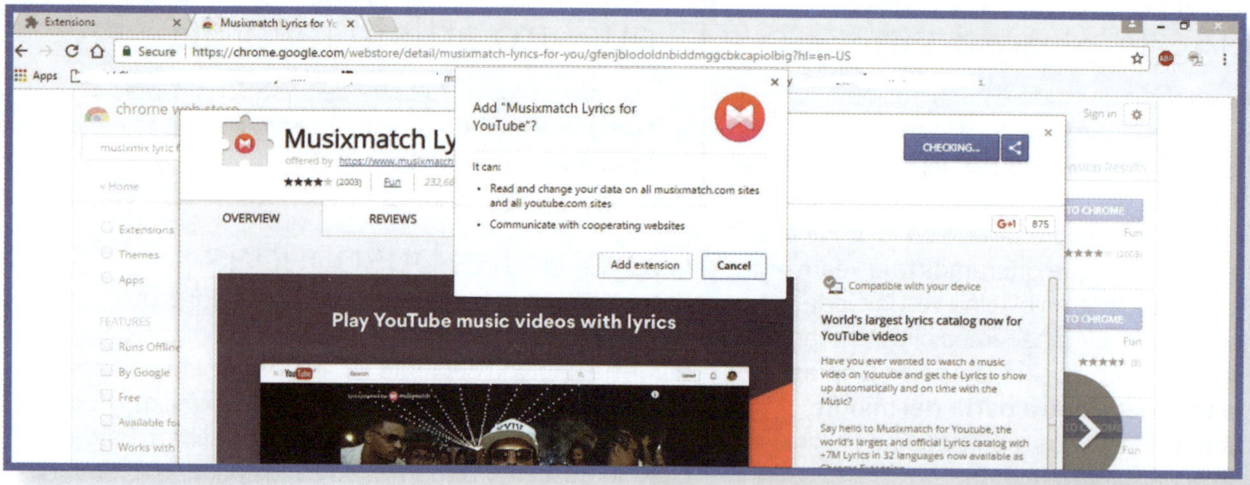

Las canciones favoritas en karaoke

Musixmatch es una extensión gratuita de Chrome que nos permite encontrar cualquier canción en karaoke en más de 32 idiomas.

Atajos de teclado

- K: Pausar o reproducir. También podemos utilizar la barra espaciadora.
- J: Regresar 10 segundos atrás.
- L: Adelantar 10 segundos.
- M: Desactivar sonido.
- Número 0: Saltar al inicio del video.
- Números 1 a 9: Indicar desde qué porcentaje de avance en el video queremos comenzar a verlo; de 10% a 90%.
- +: Aumentar el tamaño del texto.
- -: Reducir el tamaño de la fuente.
- →: Adelantar el video cuadro por cuadro.
- ←: Regresar el video cuadro por cuadro.

USERS
Java
Programación en
Java™
Vol. I
El entorno de programación - Sintaxis
Elementos - Estructuras de control
USERS
INFORME
34
Gmail
EXPRIMIDO
USERS
Servicio
Técnico
de PCs

Jamboard Pizarra interactiva

Es un producto considerado la evolución de las pizarras tradicionales presentes en cualquier oficina o sala de reunión, en el que podemos crear notas, texto e imágenes, así como compartir todo con los miembros de nuestro equipo. Las herramientas que posee Jamboard están pensadas para la colaboración y el trabajo a distancia de forma online.

¿Qué podemos hacer con Jamboard?

Gracias a la pantalla adaptable de Jamboard, podemos **dibujar como lo haríamos en una pizarra tradicional**. Podemos elegir imágenes y otros contenidos de la Web e insertarlos directamente en un jam, importar archivos de documentos, hojas de cálculo y presentaciones, e incluso añadir fotos de Drive

Crear en equipo

Esta pizarra está diseñada para **salas de conferencias y otros espacios de reunión** donde puede haber colaboración. Permite colaborar en la creación de contenido en tiempo real, tanto si los usuarios se encuentran en la misma sala usando varios Jamboards como si están en cualquier parte del mundo conectados a través de la aplicación móvil.

Precisa y fácil de usar

Gracias a su soporte especial y a que tiene solo un cable, es muy fácil llevarla de un sitio a otro. Incluye un lápiz óptico pasivo y un borrador, que no necesitan vincularse.
Cuenta con características avanzadas, como la escritura a mano y reconocimiento de formas. Cada documento generado puede guardarse en la nube de Google para su posterior acceso, ya sea para retomar lo que se está haciendo o para su visualización.

Características

Cuenta con un monitor de pantalla táctil 4K de gran formato, 55 pulgadas, con una cámara web gran angular 1080P que se actualiza a 60 Htz.
A lo largo del lado derecho y posterior del monitor hay una gama de puertos, que incluyen USB tipo C, USB 3.0, HDMI 2.0, una entrada Ethernet y un conector de audio con formato de interfaz digital Sony / Philips. Jamboard se ejecuta en una versión personalizada del sistema operativo Android 6.0 Marshmallow (SO) que combina el software Google G Suite con el acceso al contenido de la pizarra a través de las aplicaciones de Android e iOS.
Es compatible con Hangouts, gracias a su cámara incorporada HD, micrófono y altavoces.

Viene con dos lápices pasivos, un soporte de pared y un borrador de pizarra que elimina el contenido de la pantalla mientras limpia el cristal del monitor.

MEJOR CREACIÓN

Jamboard utiliza herramientas de dibujo creativas. Solo hay que cliquear el contenido de la Web utilizando la búsqueda de Google, y añadir imágenes y contenido de Google Drive o un smartphone.

MEJOR COLABORACIÓN

Podemos participar desde nuestra tableta o teléfono y trabajar con múltiples Jamboards.

MEJOR GUARDAR Y COMPARTIR

Todo nuestro trabajo queda guardado en Google Drive. También conserva la interactividad, para que podamos retomar la tarea justo donde la dejamos suspendida; nada se borra.

INTUITIVA

Mover y redimensionar objetos es algo natural, igual que en el teléfono o la tableta. El lápiz y el borrador de trabajo no requieren ninguna configuración.

CONFIGURACIÓN RÁPIDA

Jamboard es ligero y estable. Tiene ruedas con un solo cable, y todo lo demás es inalámbrico.

DISEÑO MODERNO

Esta pizarra está personalizada y diseñada para satisfacer los más altos estándares de fidelidad y la capacidad de respuesta. Posee tecnología táctil de baja frecuencia y ofrece una experiencia sin retrasos.

Classroom La plataforma educativa gratuita

Classroom ayuda a profesores y alumnos a organizar tareas, aumentar la colaboración y fomentar una mejor comunicación. Es una herramienta ágil y fácil de usar que contribuye con los docentes para administrar el trabajo del curso. Con Classroom, los educadores pueden crear clases, repartir deberes, calificar, enviar comentarios y tener acceso a todo desde un solo lugar.

Google Classroom es una plataforma gratuita educativa de blended learning. Forma parte de la suite de Google Apps for Education, que incluye Google Docs, Gmail y Google Calendar. La plataforma fue lanzada el 12 de agosto de 2014. Es gratuita y está totalmente disponible para cualquier usuario que tenga una cuenta de Google.

Súper fácil de usar

A partir de una página principal, se van creando aulas con alumnos. En cada una de las aulas el profesor puede asignar tareas con textos, audios, fotos y videos. Al mismo tiempo, puede poner avisos, crear encuestas y recibir respuestas de los estudiantes.

Crear una clase como profesor

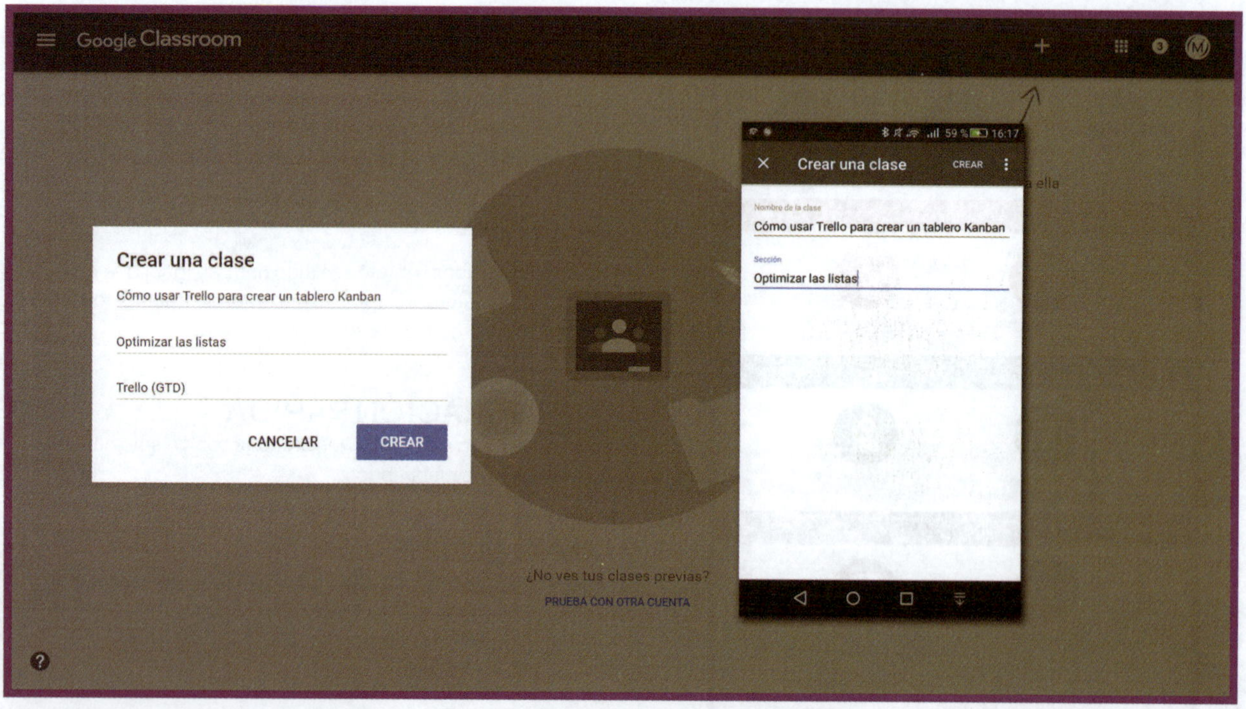

1 Vamos a **classroom.google.com**. En la página principal, tenemos que tocar el botón + de las sección **Clases**.

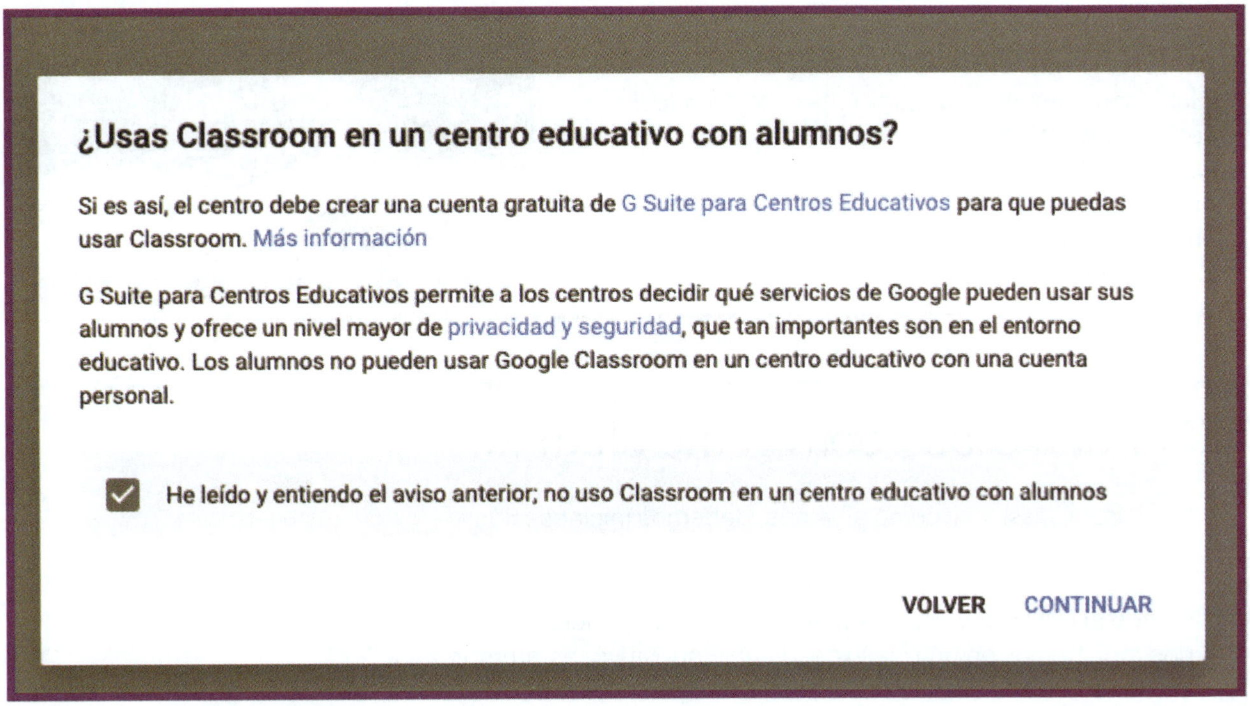

2 Aceptamos que no vamos a usar Classroom en un centro educativo con alumnos, y ponemos el nombre de la clase y la sección.

3 Para introducir una breve descripción, el nivel del curso o la hora de la clase, hacemos clic en **Sección** y escribimos los detalles.

4 Para añadir una materia, presionamos en **Materia** e ingresamos un nombre o hacemos clic en uno de la lista que aparece cuando escribimos texto.

5 Para introducir la ubicación de la clase, hacemos clic en **Aula** y escribimos los detalles. Pulsamos en **Crear**.

Classroom se creó junto con profesores, para ayudarlos tanto a organizar las tareas cotidianas y la comunicación, como a fomentar una mayor colaboración.

Completar la clase

Al crear la clase, ya podremos añadir y compartir tareas en la pestaña Flujo de actividades, agregar a estudiantes desde la pestaña Alumnos, y completar la información de la clase e incluir materiales desde la pestaña Información.

Añadir archivos y tareas

Classroom permite crear preguntas con respuesta corta o tipo test, generar tareas y publicar anuncios. Como profesor, podemos adjuntar materiales a las actividades, crear etiquetas para organizar las tareas y realizar comentarios junto a los alumnos.

Entrar a Classroom como alumno

Para usar Classroom como alumnos, debemos iniciar sesión en la PC o dispositivo móvil y, a continuación, apuntarnos a clases. A partir de ese punto, podremos recibir las tareas que mande el profesor y comunicarnos con los compañeros. Cuando nos registremos en una clase desde un dispositivo, estaremos inscriptos en ella cuando nos conectemos con cualquier otro. Hay dos formas de apuntarse a una clase:

Apuntarse con un código: si el profesor nos facilita un código de clase, lo utilizamos para anotarnos. El profesor puede darnos el código durante una clase o enviarlo por correo electrónico.

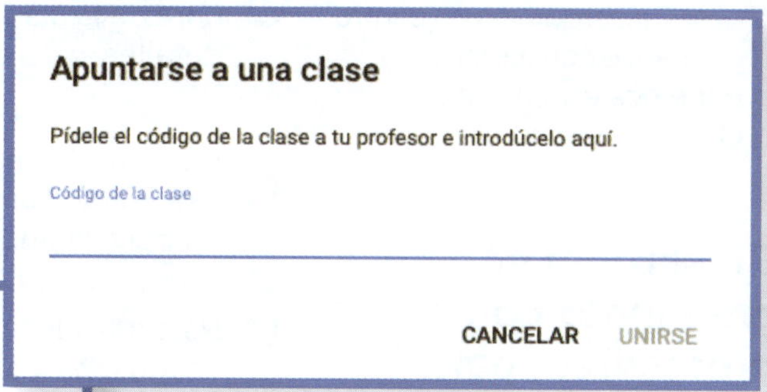

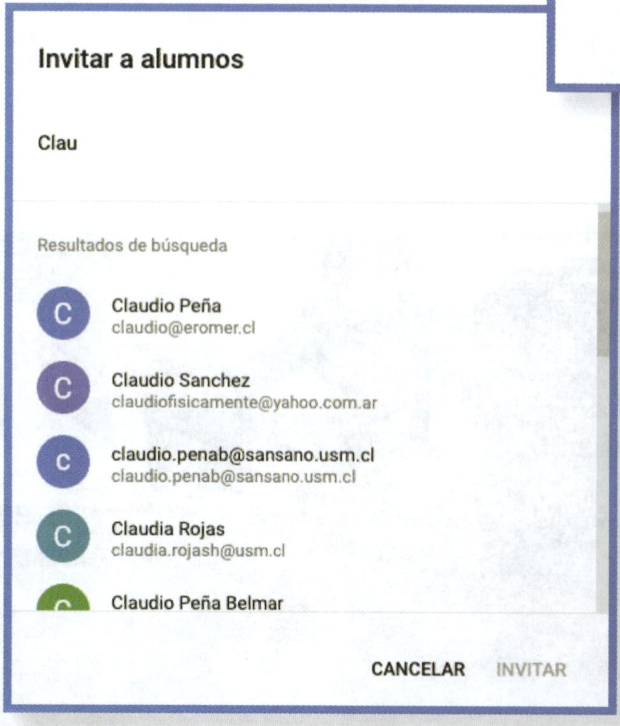

Aceptar una invitación del profesor: si el profesor envía una invitación, veremos la opción **Unirse** en la tarjeta de clase de la página principal de Classroom.

Classroom sincroniza las tareas con nuestro Calendario de Google y todos los archivos compartidos en nuestra cuenta de Google Drive.

Apuntarse en una clase con un código

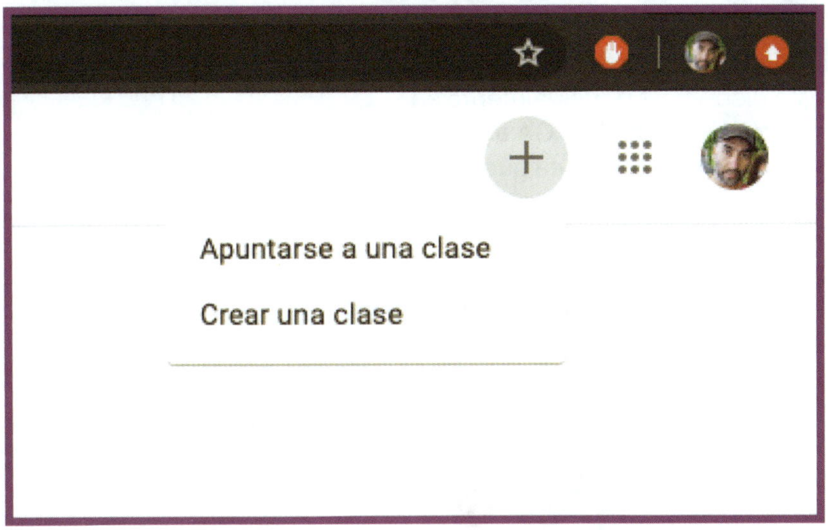

1 Vamos a **classroom. google.com**. En la parte superior, hacemos clic en Apuntarse a una clase.

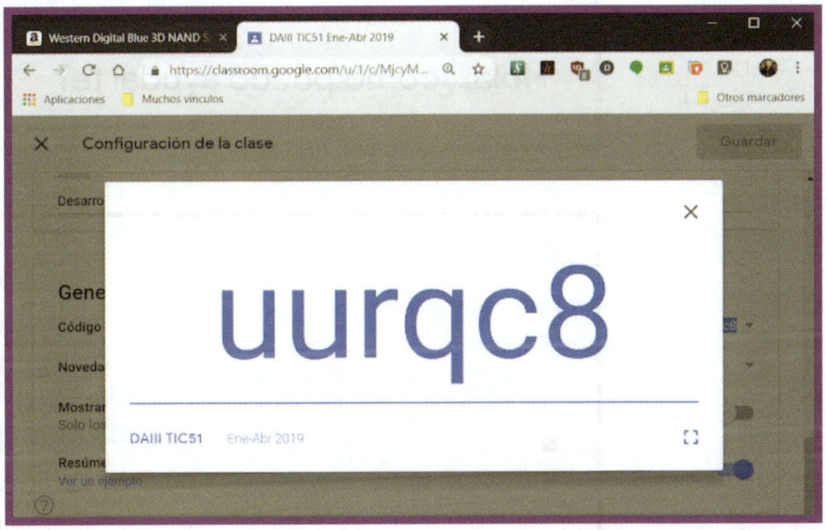

2 Introducimos el código de la clase que nos ha facilitado el profesor y hacemos clic en **Apuntarse**. Los códigos de clase constan de seis o siete letras o números. Por ejemplo, **uurqc8** o **g5gdp1**.

Invitar a alumnos a una clase

Podemos invitar alumnos a nuestra clase buscándolos por su nombre, para ello accedemos a Personas y hacemos clic en +.

Asistente de Google

Se trata de un asistente virtual desarrollado con inteligencia artificial por Google, que está disponible principalmente en dispositivos móviles y domésticos inteligentes. GA ayuda a personas de todo el mundo con todo tipo de tareas, ya sea que estén en casa o en movimiento.

El Asistente de Google fue presentado durante la conferencia I/O el 18 de mayo de 2016, como parte del lanzamiento del parlante inteligente Google Home y la nueva aplicación de mensajería Allo.

"Ok Google"

Tanto el Asistente de Google como los altavoces Home que funcionan con él permitían, desde su lanzamiento, el uso de una sola frase para interactuar mediante comandos de voz: **Ok, Google**. En mayo de este año, se introdujo **Hey Google** para los usuarios de lengua española. Según Google, este cambio tiene como objetivo permitir **"comunicarte con tu Google Home con naturalidad"**. De todos modos, el gigante permitirá que se siga utilizando el comando antiguo **Ok, Google**.

Activar o desactivar el Asistente de Google

En el teléfono o tablet Android, mantenemos pulsado el botón de inicio o decimos **Ok, Google**. Tocamos el icono de la brújula, arriba a la derecha, pulsamos sobre la foto de perfil o la inicial y vamos a **Ajustes/Asistente**. En **Dispositivos con el Asistente**, seleccionamos el teléfono o la tablet y activamos o desactivamos el Asistente de Google.
En teléfonos y tablets Android, el Asistente de Google está disponible en alemán, árabe, chino (tradicional), coreano, danés, español, francés, hindi, holandés, indonesio, inglés, italiano, japonés, noruego, polaco, portugués (Brasil), ruso, sueco, tailandés, turco y vietnamita.

Requisitos

Para usar el Asistente de Google, nuestro teléfono o tablet debe tener las siguientes características:

- Android 5.0 o una versión posterior
- Google app 6.13 o una versión posterior
- Servicios de Google Play
- 1.0 GB de memoria
- Estar configurado en un idioma aceptado

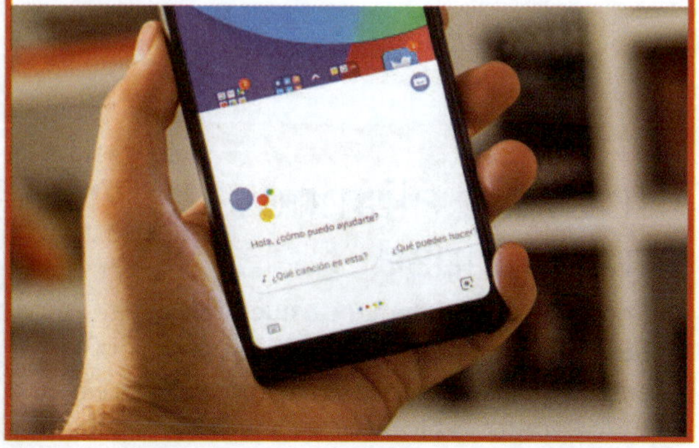

Mejoras y novedades

Google trae a nuestros teléfonos móviles la IA que alimenta al asistente. Esto significa que el Asistente de nueva generación puede procesar y comprender las solicitudes del usuario a medida que las realiza, y entregar las respuestas hasta diez veces más rápido.

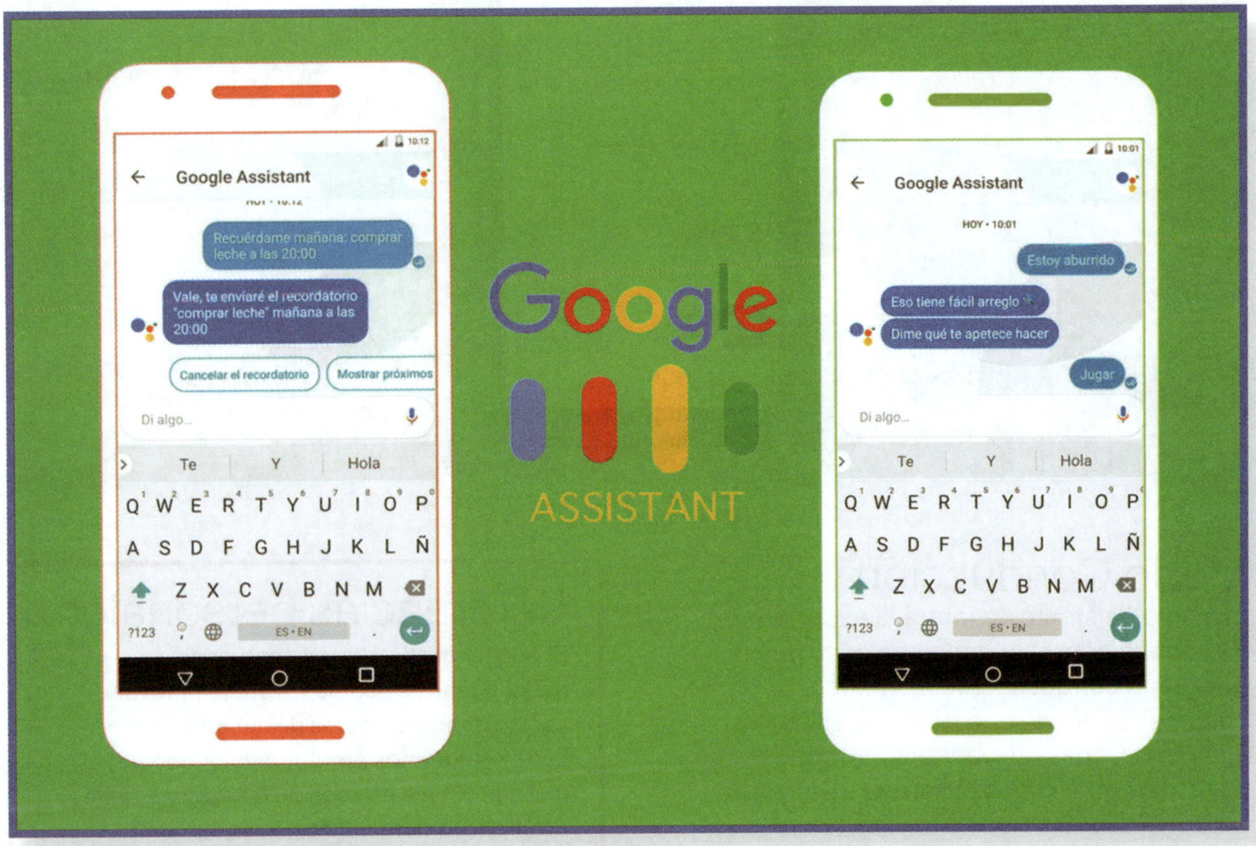

Funcionamiento

Para procesar el habla, Google Assistant utiliza algoritmos complejos con múltiples modelos de aprendizaje automáticos. Son tan complejos, que requieren 100 gigabytes de almacenamiento y una conexión a Internet. Llevar estos modelos al teléfono es como poner el poder de un centro de Google en nuestro bolsillo.

Google ha podido reducir los modelos de 100 GB a la mitad de un gigabyte, lo suficientemente pequeño como para llevarlo a los dispositivos móviles. Esto elimina la lentitud de la red y da más rapidez al asistente.

Podremos abrir y navegar por las aplicaciones al instante, y realizar varias solicitudes seguidas sin tener que decir **Hey, Google** cada vez. El Asistente fusionado con el dispositivo podrá organizar tareas entre aplicaciones. Por ejemplo, podrá conversar por nosotros en un chat, seleccionar fotos de nuestro teléfono y enviarlas; en la misma conversación, podremos consultar sobre horarios de vuelos en nuestro calendario y el asistente buscará la información por nosotros, todo esto, en segundos y solo con nuestra voz.

El Asistente de Google fue presentado durante la conferencia de desarrolladores de Google 2016, junto al parlante inteligente Google Home y la aplicación Allo.

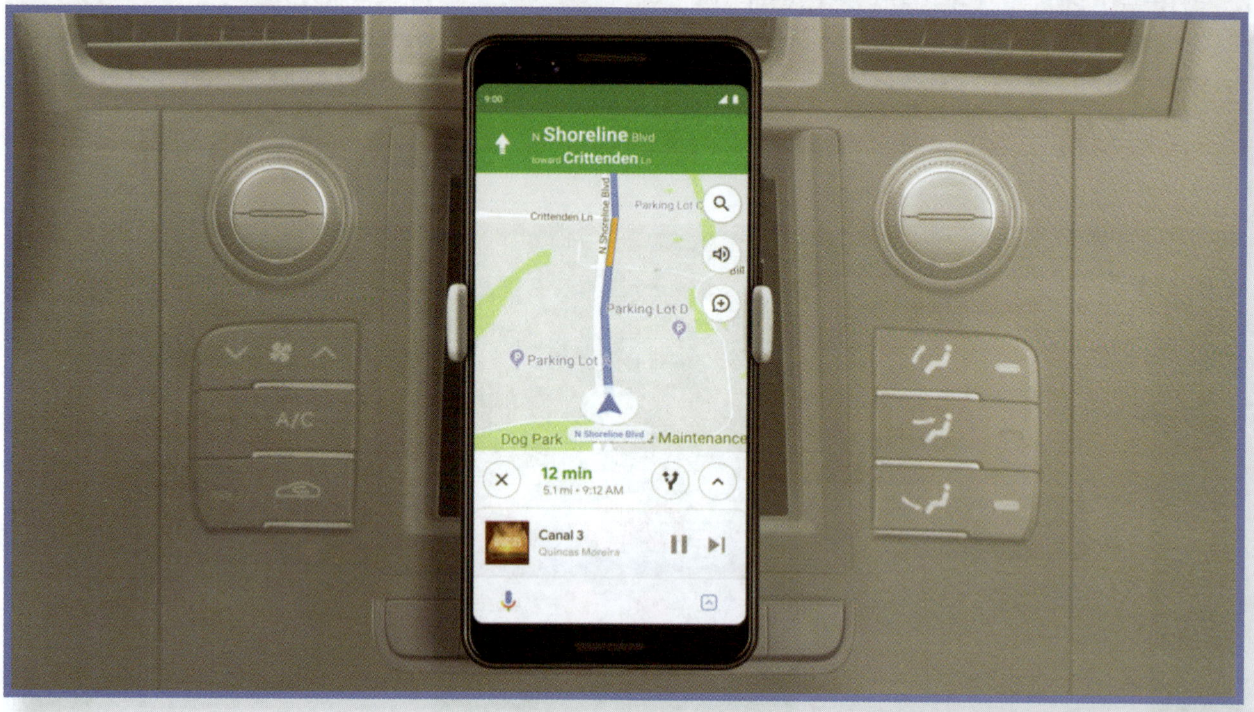

Modo Conducción

El nuevo Asistente mejorará la experiencia de conducción: solo debemos decir **hey google, a conducir**. Este modo tiene un panel diseñado que pone nuestras actividades más relevantes al centro y frente mientras conducimos, y agrega sugerencias personalizadas.

Por ejemplo, si tenemos un almuerzo en el calendario, veremos un atajo para llegar al restaurante. Si por la mañana iniciamos un podcast, tendremos el acceso directo para reanudar el episodio justo donde lo dejamos. También destaca los contactos importantes, para facilitarnos las llamadas y mensajes, y nos da recomendaciones para escuchar música.

Referencias personales

El Asistente ahora puede entender mejor nuestros pedidos. Por ejemplo, si compartimos los datos de nuestra madre con él, podremos preguntar hey, google, qué clima hace en casa de mamá este finde, e inmediatamente buscará los datos y nos responderá; también podremos preguntar por el tráfico, y pedirle un recordatorio sobre el cumpleaños de nuestra madre, por ejemplo. Si hemos compartido personas, lugares y eventos importantes con el Asistente, podremos pedirle de forma más natural, por ejemplo, que nos muestre fotos de un familiar, que nos recuerde un aniversario, o simplemente, que nos haga acordar de comprar algo. Podremos editar y eliminar nuestra información en cualquier momento

El nuevo modo de conducción se iniciará, de forma automática, cuando se conecte al sistema Bluetooth del vehículo. De manera alternativa, se puede iniciar diciendo "Hola Google, conducimos".

12 trucos para exprimir el Asistente de Google

Assistant, la evolución de Google Now que, gracias a su inteligencia artificial, puede sostener conversaciones con lenguaje natural, abre un mundo de posibilidades al alcance de nuestra voz. Revelamos algunos secretos para hacerlo más útil en el día a día.

1 Que sea personal

Google Assistant recoge de nuestra información de cuenta el nombre por el que nos identifica, pero si queremos que nos llame de otra manera, **bastará con pedírselo** y lo recordará. Del mismo modo, podemos solicitarle que **cambie la unidad de temperatura** que usa para la información meteorológica. Y hablando del tiempo, si nos apetece oír un reporte con información básica como la hora, el clima, el estado del tránsito, los eventos en agenda y los recordatorios pendientes, simplemente deberemos saludar al asistente (**"hola"**, **"buenas tardes"**) o pedirle un **resumen diario**.

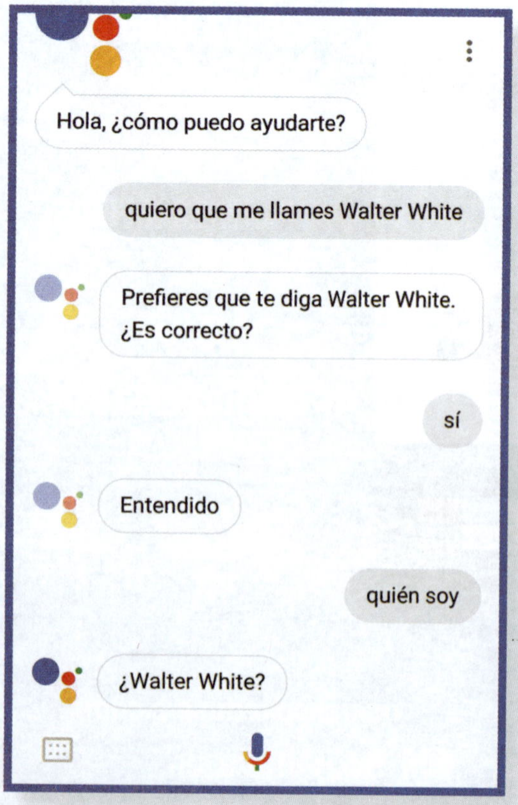

2 Comandos de voz

Además de abrir aplicaciones y sitios web mediante comandos de voz (incluso podemos solicitar **ver una app en la Play Store**), el asistente de Google permite controlar distintos ajustes rápidos del teléfono: estaremos en condiciones de activar o desactivar las **conexiones inalámbricas**, **modificar el brillo**, **encender o apagar la linterna**, etc. Otra opción interesante es la de **desbloquear automáticamente** el smartphone cada vez que digamos **"Ok, Google"** para llamar al asistente. Para configurar esta función, en la pantalla de Assistant tocamos el botón de menú, elegimos **Configuración**, luego vamos a **Teléfono** y activamos **Desbloquear con Voice Match**.

3
Charla inteligente

La habilidad de nuestro asistente digital para mantener una conversación no se limita a preguntas y respuestas personales. Cuando pedimos información sobre algún tema, es posible continuar haciendo **consultas relacionadas** sin volver a mencionar el elemento inicial; Assistant tendrá en cuenta el contexto y **concatenará las respuestas** que vaya dando. Por ejemplo, podemos preguntar quién es determinado personaje, y una vez que se nos conteste, consultar sobre su edad o lugar de origen, sin repetir el nombre. O podemos pedir el pronóstico diciendo **"¿Cómo va a estar el tiempo en Buenos Aires el martes?"**, para luego seguir con **"¿Y en La Plata?"**, y obtendremos el dato correspondiente.

4
Mensajero particular

Más allá de la facultad para **realizar llamados telefónicos** y **enviar SMS**, Google Assistant también es capaz de interactuar con **Whatsapp** y **Telegram**. Simplemente, tenemos que decirle que queremos enviar un mensaje a un contacto a través de alguna de esas aplicaciones, y el asistente nos pedirá que le dictemos el contenido y confirmemos. Lo mismo sucederá cuando le pidamos **enviar un correo**, acción que se realizará por medio de Gmail.

Para que el asistente nos llame de otra manera solo debemos decir: "llámame (...)", cambiando (...) por cualquier otro nombre que queramos utilizar.

5
Traductor universal

Google Translator está integrado en Assistant, por lo que **realizar traducciones** de palabras o frases en tiempo real resulta bastante cómodo. Solo hay que preguntar cómo se dice una expresión en otro idioma o directamente pedirle que traduzca un texto. Asimismo, el asistente es ágil con las **conversiones de unidades de medida** (longitud, masa, tiempo, etc.) y **de moneda**. Y todavía más: **resuelve cálculos matemáticos** a golpe de dictado, aunque también se pueden plantear operaciones sencillas con el teclado.

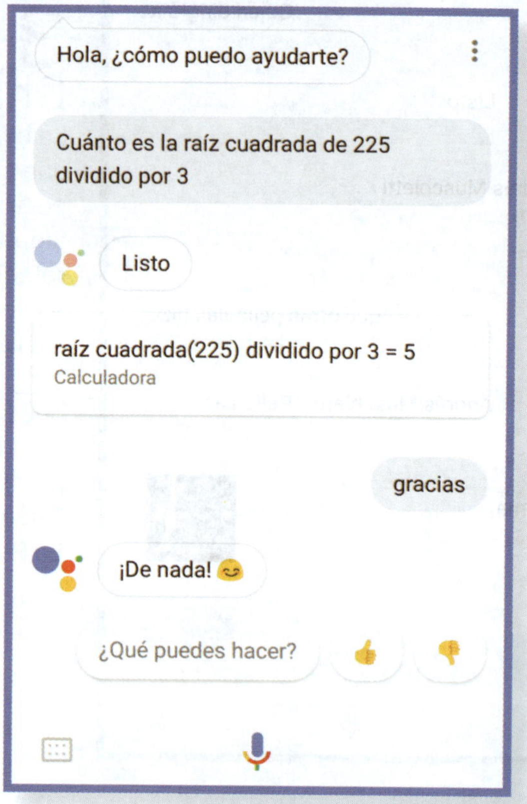

> **Si queremos deleitarnos con una melódica voz, podemos pedirle que nos cante; solo decimos "Canta una canción".**

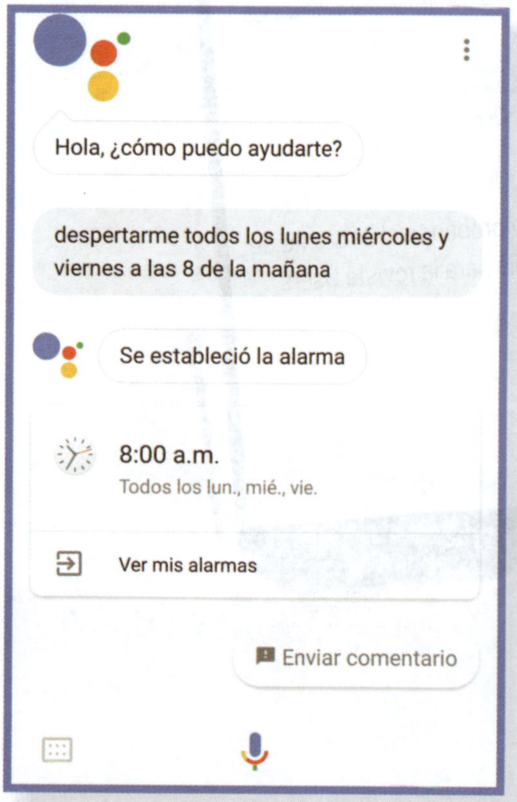

6
Tiempos

No solo podemos solicitar a Assistant que **cree recordatorios** para determinado momento o lugar (**"recordarme revisar los últimos pedidos cuando llegue a mi trabajo"**), sino que además tenemos la opción de **agregar un evento** a la agenda dictándole todos los datos necesarios. Las **alarmas** también se pueden configurar mediante la voz (**"despertarme dentro de media hora"**), al igual que los **temporizadores** (**"establecer cuenta atrás de 5 minutos"**), pudiendo pedir que se los cancele.

7 Lugares

Con Assistant podemos **buscar lugares cercanos**, iniciar el **modo de Conducción** (**"navegar hasta..."**) y ver **carteleras locales**, entre muchas otras acciones que toman en cuenta nuestra ubicación. Pero si lo que necesitamos es buscar datos sobre algo que estamos viendo en nuestro teléfono, bastará con llamar al asistente y preguntarle **qué hay en la pantalla**. También podemos indicarle **tomar una captura** para compartir. Y si de capturas se trata, tenemos la posibilidad de pedirle que nos **saque una selfie** al instante.

Si decimos "Cómo ir a (...), cambiando (...) por cualquier localización, nos mostrará una ruta para llegar al sitio.

8 Un mando a distancia

Además de los propios de Google, el asistente soporta algunos servicios de streaming de terceros, como **Spotify** y **Netflix**. Podemos controlar la música pidiéndole **escuchar una canción o un álbum**, e indicándole en qué servicio queremos hacerlo. Y ya que estamos, también podemos ordenarle subir o bajar el volumen del dispositivo. Para Netflix el manejo es similar: le decimos que queremos mirar cierto título en esa plataforma. Más interesante aún es poder solicitarle a Assistant que reproduzca estos contenidos en la TV a través de Chromecast, una funcionalidad por el momento restringida al idioma inglés.

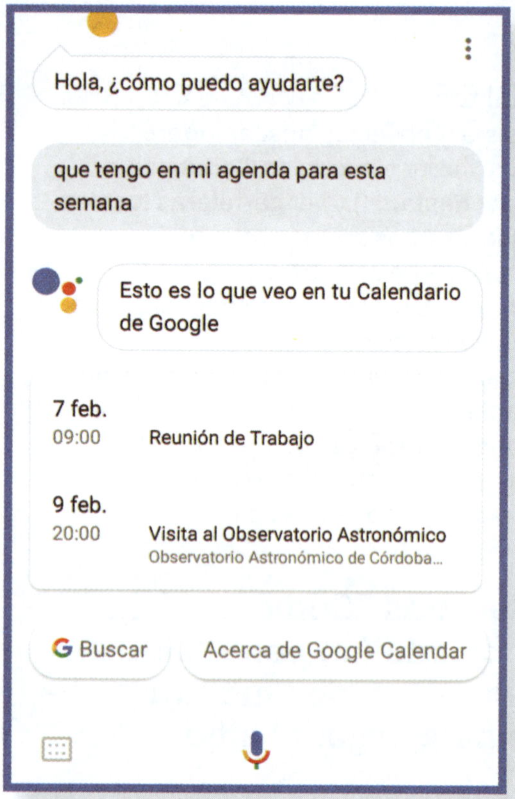

9 La vida en un vistazo

Assistant es capaz de recuperar cosas de nuestra cuenta. Tenemos la posibilidad de pedirle que nos muestre nuestros correos electrónicos y eventos en agenda, o incluso que nos diga cuándo es nuestro siguiente vuelo, si es que tenemos la reserva en el buzón de e-mail. También podemos ver las imágenes que estén almacenadas en Google Fotos y que coincidan con algún criterio, diciéndole, por ejemplo, **"mostrar mis fotos de animales"** o **"mostrar mis fotos tomadas en Córdoba"**.

10 Suerte

Si estamos necesitando una mano para tomar una decisión, es bueno saber que Google Assistant podrá lanzar una moneda por nosotros e indicarnos si obtuvimos cara o cruz. Otra posibilidad es invitarle a que escoja un número entre determinados valores. Cuando estemos aburridos, tendremos la oportunidad de pedirle que **nos diga algo interesante**, **curioso** o **sorprendente**. O que nos **recite un poema** o nos **cuente un chiste**. Incluso, que nos entretenga con uno de sus **juegos**.

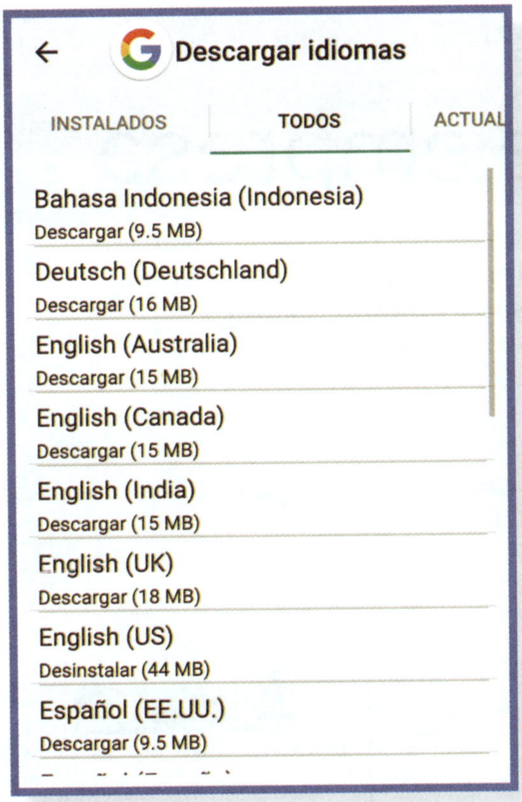

11

Todo terreno

Aunque para la mayoría de las tareas que realiza Google Assistant es necesario tener una conexión a Internet activa, podemos contar con reconocimiento de voz estando fuera de línea y pedirle algunas **cosas básicas**: abrir una aplicación, controlar los ajustes rápidos del teléfono, realizar llamadas y enviar mensajes de texto, establecer alarmas, y agregar eventos y recordatorios. Para asegurarnos de que responda a los comandos de voz en modo offline, abrimos el asistente, pulsamos el botón de menú, entramos a **Configuración** y luego a **Teléfono**, abrimos **Otras opciones de configuración de voz** y, finalmente, tocamos en **Reconocimiento de voz sin conexión** para descargar los paquetes de idiomas.

12

Nuestra historia

Google almacena en nuestra cuenta cada consulta que hacemos al asistente para personalizar su funcionamiento. Podemos controlar la información que se guarda si accedemos al menú de Assistant y luego a **Configuración**; en la pantalla de ajustes pulsamos el botón de menú (arriba a la derecha) y escogemos **Mi actividad**. Se abrirá el listado de acciones que hemos realizado con el servicio, las que podremos revisar y eliminar según creamos conveniente. Otra forma rápida de suprimir estas acciones es directamente desde la pantalla de conversación del asistente: mantenemos el mouse pulsado sobre un elemento (se resaltarán los relacionados) y elegimos **Borrar grupo** de las opciones que aparecen.

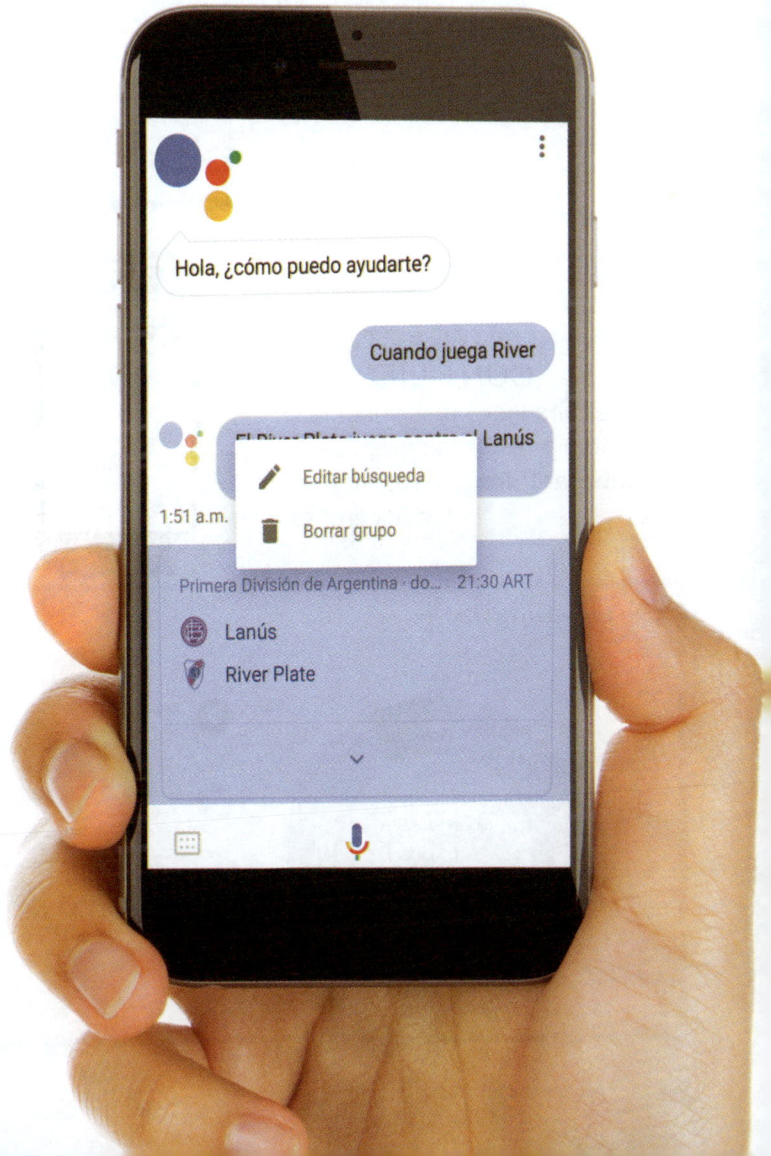

Mi Negocio
Crear un perfil de empresa

Google Mi Negocio es una herramienta gratuita y fácil de usar para que las empresas y organizaciones administren su presencia en línea en Google, incluidos Búsqueda y Maps. El perfil comercial aparece cuando las personas buscan nuestro negocio o negocios similares al nuestro en la Búsqueda de Google o Google Maps.

Ventajas de Mi Negocio

ADMINISTRAR INFORMACIÓN

Podemos administrar la información que los usuarios de Google ven cuando buscan nuestra empresa o los productos y servicios que ofrecemos.

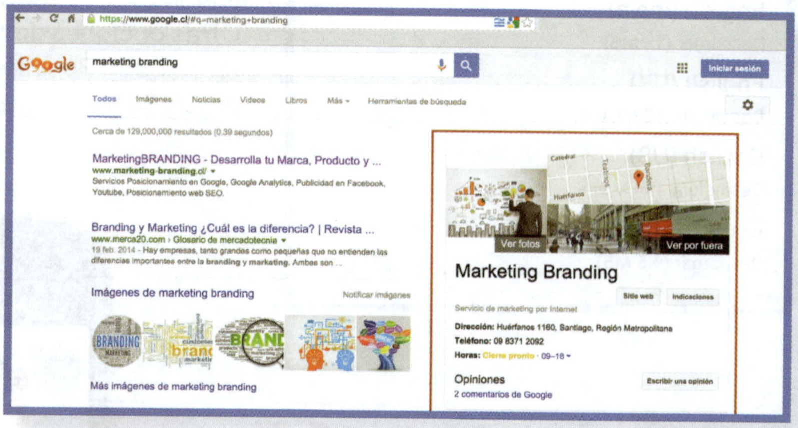

INTERACTUAR CON CLIENTES

Permite leer y responder las opiniones de los clientes, y publicar fotos que resaltan lo que hacemos.

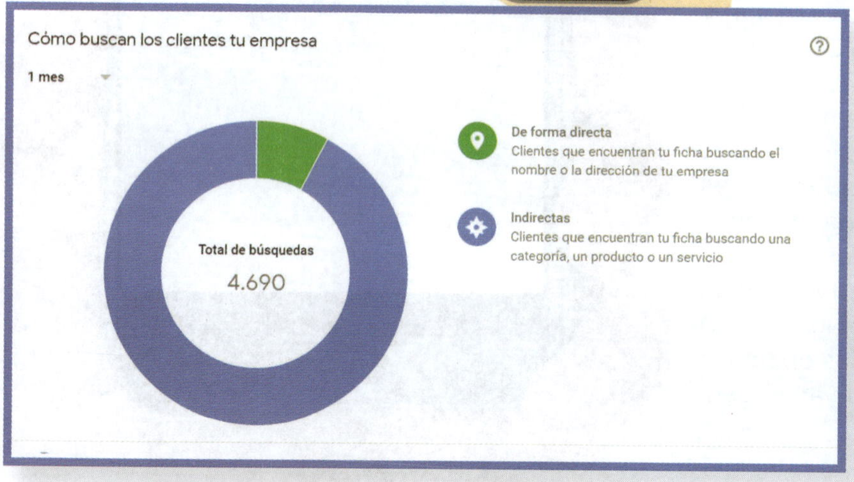

ESTADÍSTICAS

Permite consultar estadísticas acerca de cómo los clientes buscaron nuestra empresa y de dónde provienen. También podemos ver información como la cantidad de personas que llamaron a la empresa directamente desde el número de teléfono que aparece en los resultados de la búsqueda local en Maps y la Búsqueda de Google.

DISPOSITIVOS MÓVILES

Desde la app para dispositivos móviles gratuita de Google Mi Negocio, podemos acceder a nuestra cuenta y actualizar la información de la empresa desde cualquier lugar.

Podemos crear un perfil, dar de alta la empresa y utilizar las herramientas en forma gratuita, pero si queremos agregar publicidad tendremos que pagar.

Activar Mi Negocio

1 Si nos pide la cuenta, ingresamos preferentemente la cuenta de Gmail de la empresa y pulsamos en **Añadir una Empresa Nueva**.

2 Completamos los datos del formulario: **País**, **Teléfono**, **Dirección Postal**, **Código Postal**, **Ciudad/población**, **Provincia**, **Teléfono principal** (fijo, en lo posible), **Correo electrónico** (de la empresa, preferentemente), **Sitio web** (o blog, si no tenemos web), **Descripción**, **Fotos** y **Videos**.

3 Después de completar los datos de la empresa, verificamos en el mapa si está bien situada; de no ser así, la ubicamos manualmente. Tras finalizar, pulsamos el botón **Enviar**.

4 Llegamos a una página donde se nos pregunta cómo validar la información. Google acepta solo una forma para hacerlo, y es a través del correo tradicional. Se nos enviará una carta a la dirección que hayamos dado, y recibiremos un PIN, un código que tendremos que introducir dentro del perfil de empresa que hemos creado, para completar el registro.

5 Esta carta demora varias semanas en llegar. Luego de introducir el PIN, en el plazo de 24 horas (aproximadamente), nuestro negocio estará activo en Google Maps.

Google Noticias: qué es y cómo usarlo

Google Noticias permite agregar y buscar noticias de manera automatizada, y rastrea constantemente la información de los principales medios de comunicación online.

Cada noticia está acotada a la región a la que pertenecen sus lectores, es decir que si vivimos en la Argentina y accedemos a Google News, recibiremos la información relevante más actual de ese país o región.
El sitio web de Google News se actualiza cada 15 minutos.

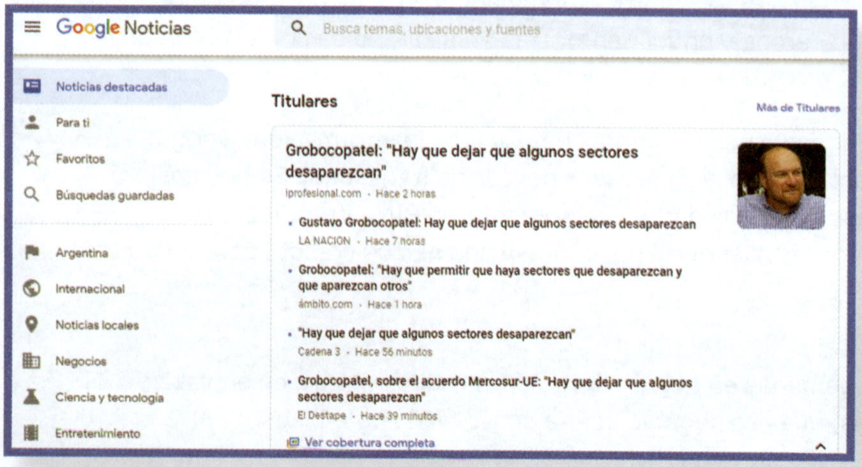

Los artículos se seleccionan y clasifican mediante un sistema informatizado que evalúa, entre otras cosas, la frecuencia y los sitios en los que aparece una noticia. El usuario puede elegir entre una amplia variedad de perspectivas sobre un mismo hecho.

Podemos ordenar o cambiar la cantidad de noticias al entrar al sitio de Google News. Todas las preferencias se guardan en una cookie que es posteriormente enviada al navegador web.

Existen más de 40 ediciones regionales en diversos idiomas, entre los que se incluyen alemán, árabe, chino, coreano, francés, griego, hebreo, hindi, holandés, inglés, italiano, japonés, noruego, portugués, ruso y sueco.

Neutralidad

La promoción de este sitio asegura neutralidad en la selección de las noticias mostradas, debido a que no existe intervención humana. La versión en inglés tiene más secciones que el resto, como la sección local y la de **Editors' Picks**. Por otra parte, la versión de España ha dejado de funcionar desde el 16 de diciembre de 2014.

Cómo acceder

Podemos hacerlo desde nuestra cuenta de Google, a la derecha, desde Google Search debajo del bloque de búsqueda o bien desde el sitio: https://news.google.com.

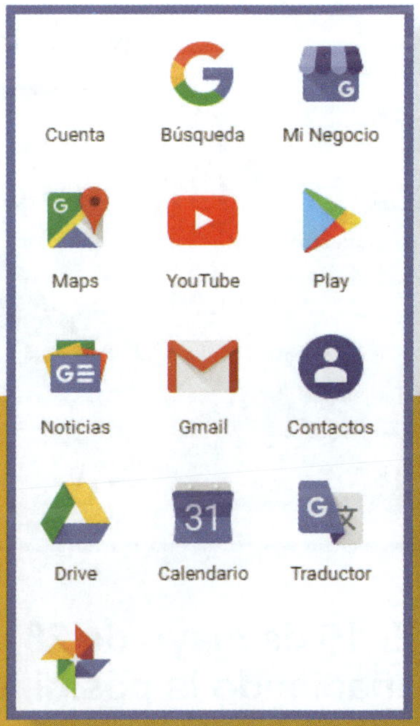

Un recorrido por Google Play

Google Play es la tienda de aplicaciones móviles para dispositivos con sistema operativo Android. Permite a los usuarios navegar y descargar aplicaciones, juegos, música, libros, revistas y películas.

En Google Play encontramos disponibles aplicaciones tanto gratuitas como pagas, que podemos instalar desde el dispositivo o desde la página web de Google Play. Además, podemos actualizar las aplicaciones automática o manualmente una a una.

¿Qué podemos hacer con Google Play?

- Disfrutar de juegos para dispositivos Android y Chromebooks.
- Comprar o alquilar películas y programas de TV.
- Leer o escuchar libros, noticias y suscripciones de publicaciones.
- Comprar o transmitir música.

Aplicaciones

Según el tipo de contenido, deberemos buscar en las siguientes apps:

PLAY LIBROS

Google Play Libros es la app que necesitamos para disfrutar de libros electrónicos y audiolibros comprados en Google Play. Los libros son almacenados en la nube, con lo cual se logra que estén disponibles para acceder a ellos directamente en esta aplicación o a través de la Web. Play Libros se encuentra disponible en 44 países.

El 15 de mayo de 2013, se actualizó Play Libros, añadiendo la posibilidad de que los usuarios suban archivos en formato PDF y Epub.

PLAY JUEGOS

Es un servicio y aplicación desarrollado para Android, iOS y para la Web que añade la opción de multijugador en tiempo real, logros, tabla de posiciones y posibilidad de guardar información en la nube de aquellos juegos que sean compatibles con este servicio.

Fue presentado en el Google I/O de 2013, y la aplicación fue lanzada el 24 de julio de ese mismo año en el evento llamado BreakfastwithSundarPichai.

PLAY PELÍCULAS

Play Películas nos permite ver películas que hayamos comprado o alquilado en Google Play.

Las películas podemos comprarlas o rentarlas, mientras que las temporadas o episodios de las series no están disponibles por renta, solo podemos comprarlas. Los usuarios tenemos la posibilidad de descargar el contenido para verlo posteriormente sin necesidad de una conexión a Internet.

PLAY MÚSICA

Es un servicio de almacenamiento y sincronización de música en la nube, así como también una tienda musical en línea lanzada en 2011. Ofrece el almacenamiento gratuito de canciones propias hasta un total de 50.000, que al sincronizarse en la nube, están disponibles desde cualquier punto. También nos permite escuchar música a través de streaming.

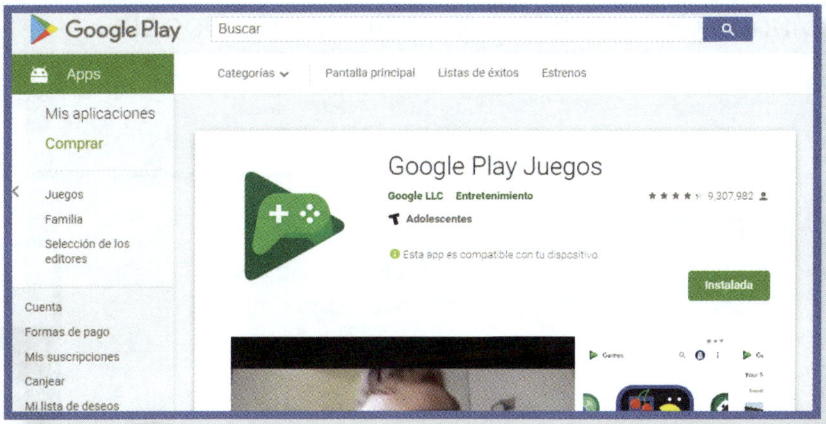

Play Películas se encuentra disponible en 25 países. Las series solo están disponibles en Estados Unidos, Japón, Australia y el Reino Unido.

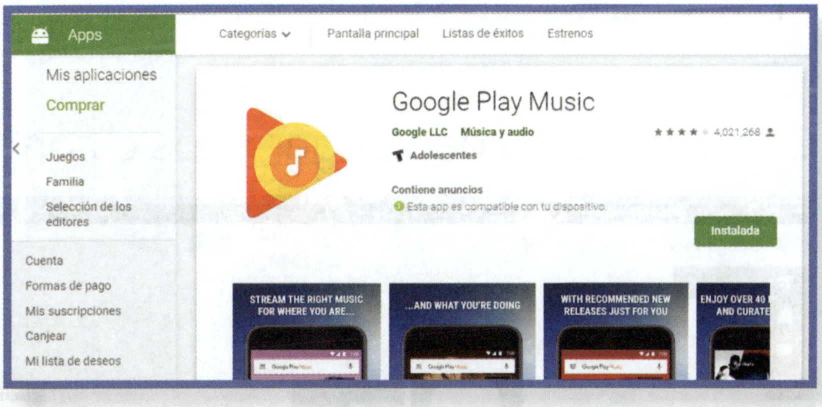

Sistema de clasificación

Google Play tiene un sistema de clasificación por edades:

- **Para todos: contenido sin restricciones de edad**
- **Madurez baja: recomendado para mayores de 6 o 7 años**
- **Madurez media: recomendado para mayores de 12 años**
- **Madurez alta: recomendado para mayores de 17 años**

Interfaz

Google Play ofrece un acceso fácil y rápido a sus aplicaciones. El menú cuenta con las siguientes opciones:

Aplicaciones: examina todas las aplicaciones o busca aplicaciones por categorías.

Películas: examina todas las películas o las busca por categorías.

Música: examina la música o la busca por categorías.

Libros: examina libros y los busca por categorías.

Juegos: examina todos los juegos o los busca por categorías.

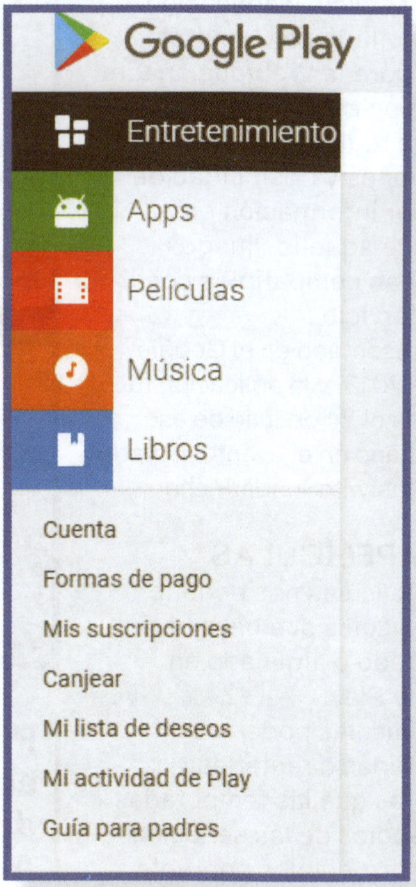

Los usuarios tienen la posibilidad de valorar las aplicaciones mediante una escala de 1 a 5 estrellas; también pueden ingresar comentarios sobre la aplicación.

Cómo buscar y descargar apps o contenido digital

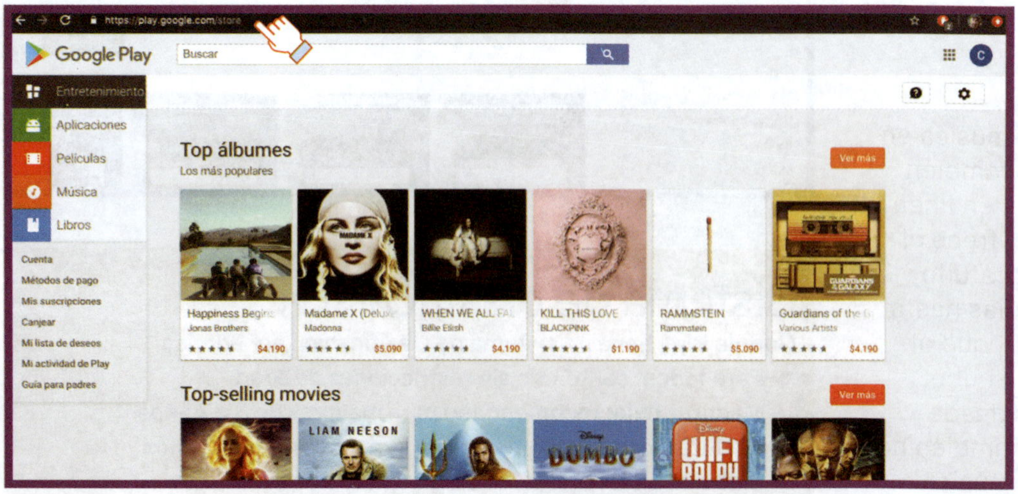

1 Abrimos la app de **Google Play Store**. También podemos acceder desde **play.google.com**.

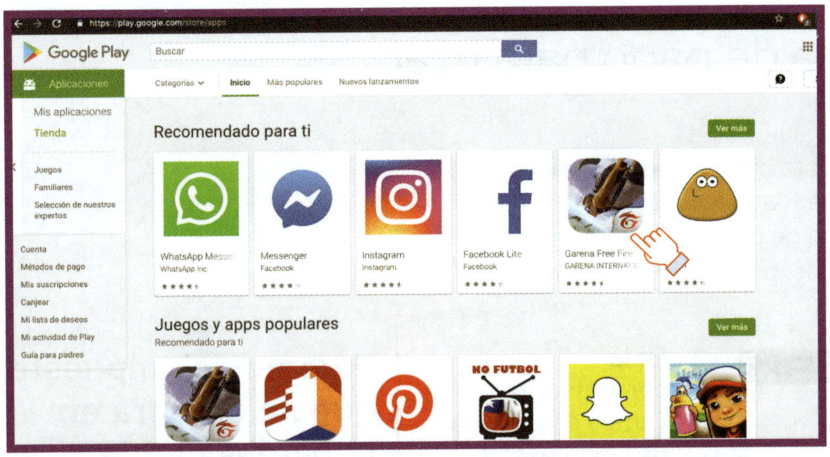

2 Buscamos contenido o exploramos la app.

Es conveniente que revisemos la política de privacidad antes de descargar una app. Esto nos permitirá saber cómo se recopila y utiliza nuestra información personal.

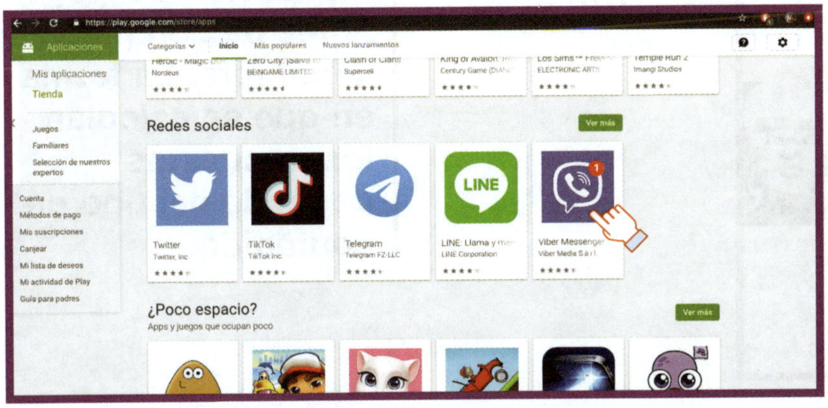

3 Seleccionamos un elemento.

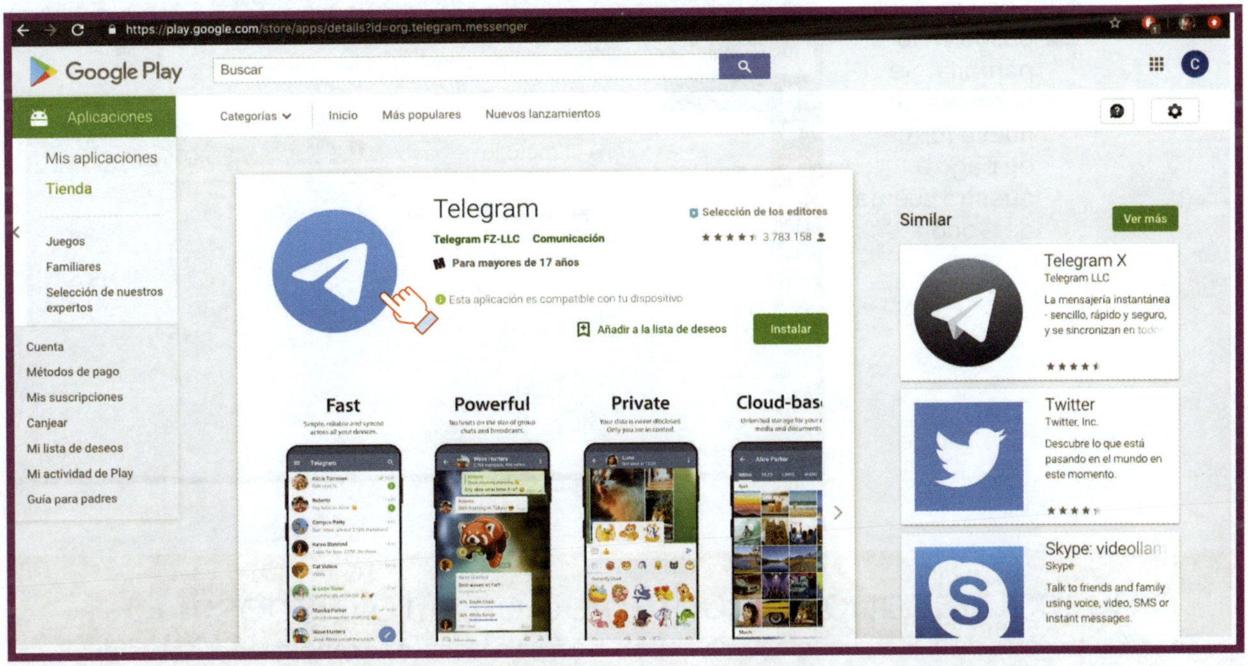

4 Presionamos **Instalar** (para los elementos gratuitos) o el precio del elemento. Seguimos las instrucciones en pantalla para completar la transacción y obtener el contenido. En el caso de los elementos pagos, usamos la flecha hacia abajo para elegir la forma de pago.

Establecer una forma de pago para usar con todas las apps

Podemos usar esta forma de pago para comprar apps o elementos de cualquier app descargada de Google Play, incluidas las que mencionamos antes. Cuando agregamos una forma de pago, obtenemos acceso automático a miles de libros, películas, programas de TV y juegos.

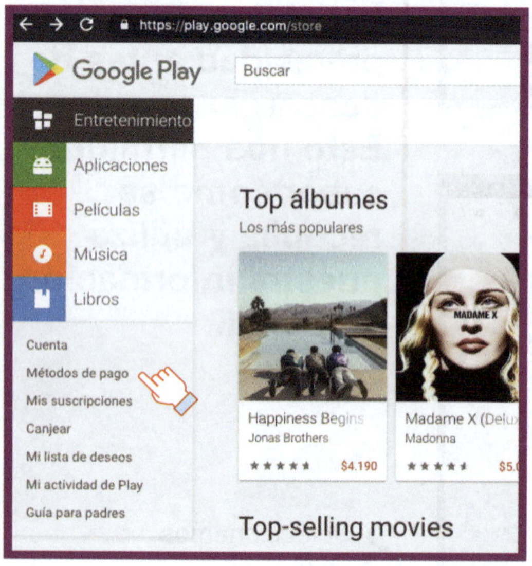

1 En la computadora, vamos a la cuenta de Google Play y hacemos clic en **Métodos de pago**.

Veremos el impuesto que se cobrará en la pantalla de la realización del pago antes de completar la compra. La forma en que se calculan los impuestos depende del tipo de contenido.

2 Seguimos los pasos en la pantalla. Se agregará la nueva forma de pago a nuestra cuenta de Google.

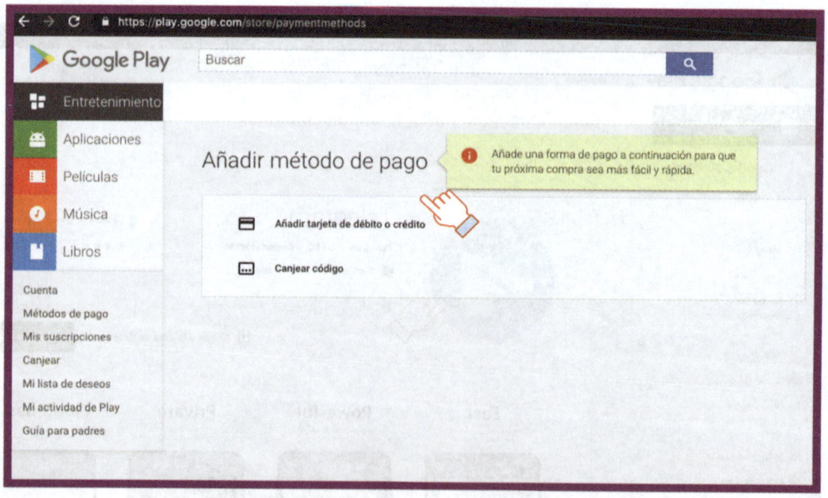

Cómo instalar apps y contenido en otro dispositivo

Las apps y el contenido digital que agreguemos en el dispositivo también se conectarán con nuestra cuenta de Google. De esta manera, si adquirimos un dispositivo nuevo, no tendremos que volver a comprar el contenido, ya que podemos usarlo en varios equipos.

Establecer una forma de pago para usar con todas las apps, desde Android

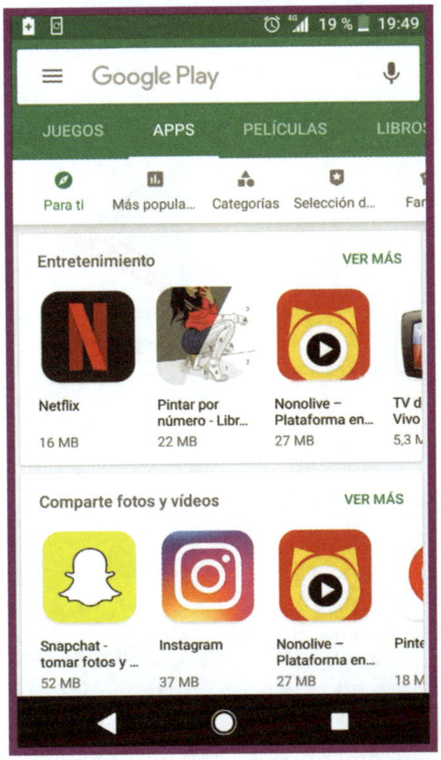

1 Desde el teléfono o tablet Android, abrimos la app de **Google Play Store**.

2 En la parte superior izquierda, presionamos **Menú/ Formas de pago**.

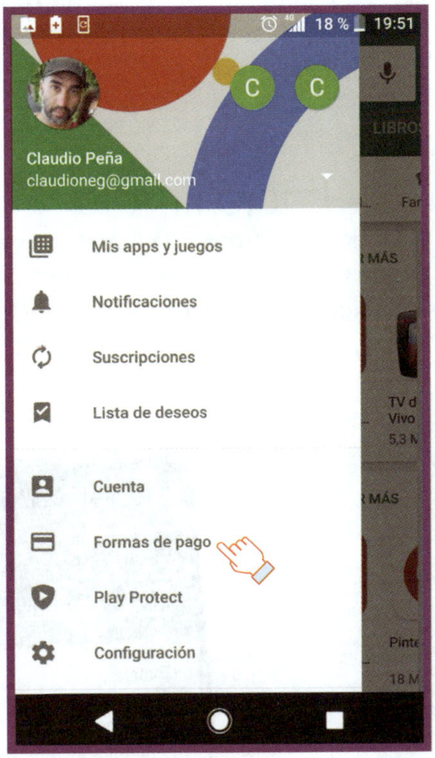

3 Seguimos los pasos en la pantalla. Se agregará la nueva forma de pago a nuestra cuenta de Google.

En caso de que niños utilicen el dispositivo, no es una buena idea agregar una tarjeta de crédito como medio de pago.

Trucos para Google Play

La tienda de Google guarda muchos secretos; aquí los presentamos para que todos puedan convertirse en expertos en la instalación y desinstalación de apps en un dispositivo Android.

1 Inicio limpio

Cuando instalamos una nueva app en un dispositivo Android, se añade un icono a la pantalla de inicio en forma automática. Esta es una excelente característica, pues tendremos acceso inmediato a la app y podremos iniciarla con un toque sobre la pantalla.

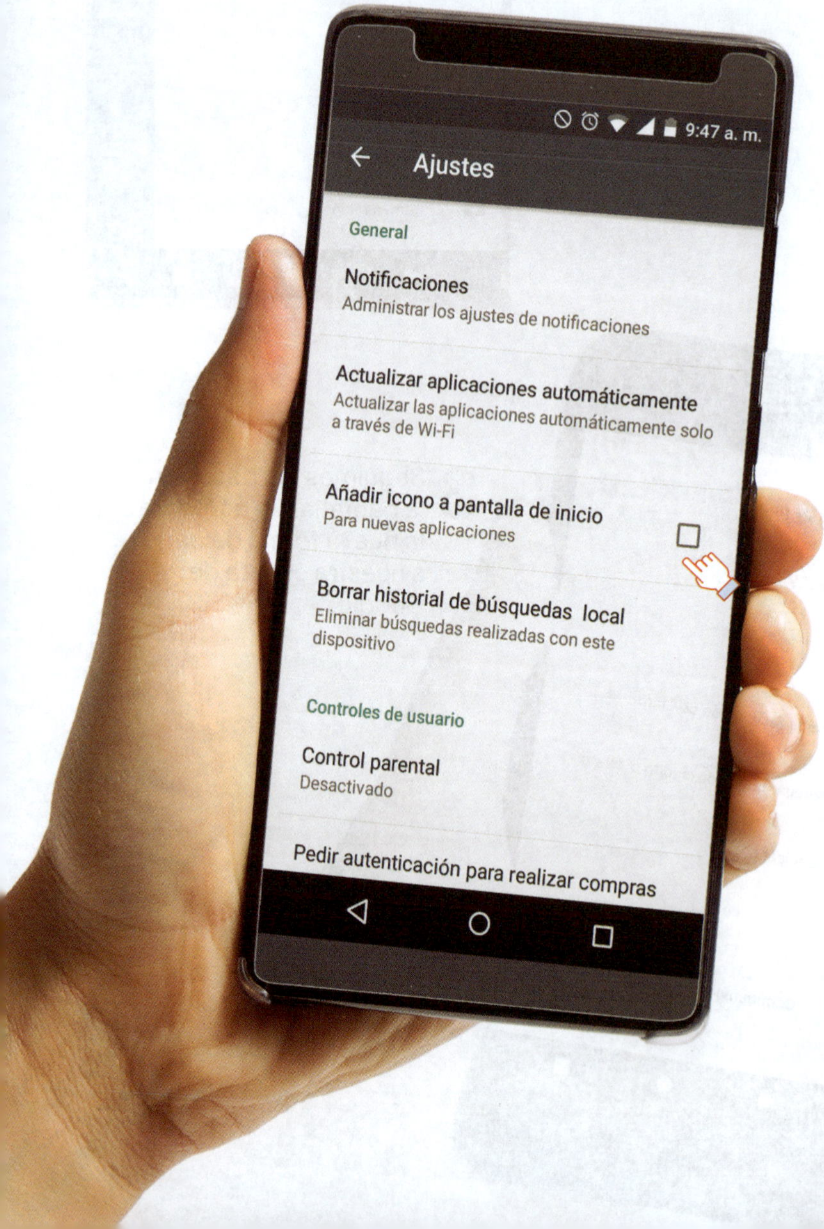

Pero existen algunas ocasiones en las que no deseamos tener un icono de todas las apps que instalamos, ya sea porque nos gusta mantener el inicio limpio o porque primero deseamos probar las apps para luego decidir si deseamos un acceso directo. De cualquier forma, es posible configurar nuestro dispositivo para que, luego de una instalación, no se agregue un icono a la pantalla de inicio. Para lograrlo, iniciamos Google Play en el dispositivo móvil, luego elegimos **Ajustes** y vamos a la sección **General**, donde desmarcamos la casilla **Añadir icono a la pantalla de inicio**. Al hacerlo, las nuevas aplicaciones no se agregarán automáticamente a la pantalla de inicio de Android.

2 Instalaciones remotas

Un punto importante de Google Play es que no solo nos obliga a instalar apps directamente desde el dispositivo móvil, sino que también nos entrega una interfaz web especialmente preparada para realizar instalaciones en forma remota.
La versión web de Google Play está bien organizada, por lo que encontraremos las apps que necesitamos con unos pocos clics del mouse. Pero no solo veremos apps: también existen **Libros**, **Música**, **Películas** y **Kiosko**, todos accesible desde el menú lateral.

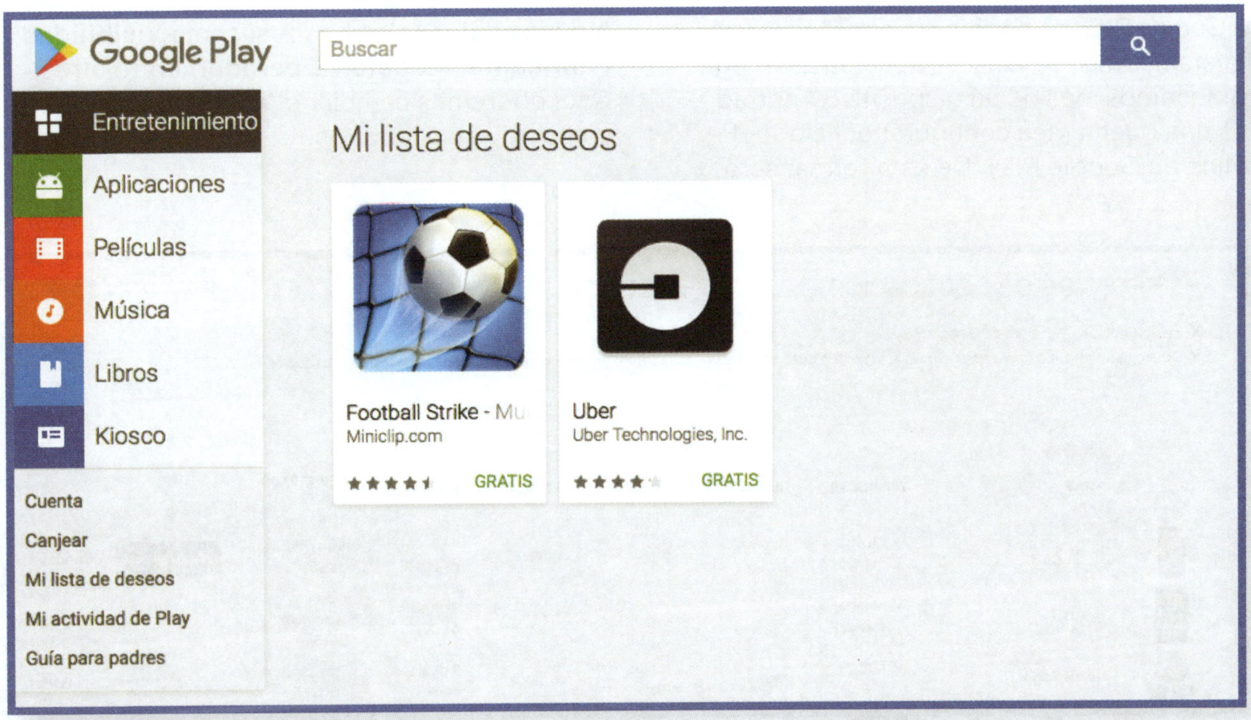

Para acceder a las apps, hacemos clic sobre la opción **Aplicaciones**. Luego podremos filtrar por **Categorías** o también acceder a **Más populares** y **Novedades**. Entonces, solo debemos elegir la app que deseamos, presionar **Instalar** y seguir las instrucciones entregadas por Google Play para instalar la aplicación en nuestro dispositivo, por supuesto, en forma remota.

Activar el control parental

En algunas ocasiones puede que resulte conveniente activar el control parental en Google Play, de modo que los menores no puedan tener acceso a aplicaciones que no son apropiadas para su edad. Para lograrlo, dentro de Google Play abrimos el menú lateral izquierdo y entramos en los ajustes de la aplicación. Vamos al apartado Control parental, en donde podremos activarlo, además de configurarlo en función de la necesidad de cada usuario.
El primer paso que se pide es la creación de un PIN, que evite que los niños puedan cambiar algo en el Control parental en Google Play.

3 Listado de dispositivos

Ya aprendimos a instalar apps en forma remota en nuestros dispositivos Android. Pero mientras lo hacemos, podemos darnos cuenta de que es necesario elegir el dispositivo en el que deseemos efectuar la instalación. Esto es así porque podemos tener no solo un dispositivo conectado a Google Play: es posible conectar todos los que queramos mediante nuestra cuenta de Google. Si tenemos más de un dispositivo Android, es una buena idea configurar el listado de ellos en Google Play. De esta forma, será sencillo identificarlos a la hora de realizar instalaciones remotas. Para llevar a cabo esta configuración, accedemos al sitio web que se encuentra en la dirección **https://play.google.com/settings**. Una vez allí, veremos el listado de los dispositivos conectados, con algunos datos relacionados, como **Visibilidad**, **Fabricante**, **Modelo** y **Operador**, entre otros. Aquí podremos cambiar el nombre de cada dispositivo y ocultarlos.

Preferecias de notificación y correo electrónico

- [x] Recibir noticias y ofertas de Google Play
- [x] Quiero recibir notificaciones por correo electrónico cuando los desarrolladores respondan a mis opiniones sobre sus aplicaciones

Mis dispositivos

	ALIAS	VISIBILIDAD	FABRICANTE	MODELO	OPERADOR	RECIENTES	REGISTRADO EL	
	Nexus 5	Mostrar en menús	LGE	Nexus 5	Orange	9 de abril de 2017	5 de octubre de 2015	Actualizar Cancelar
	Nexus 7	Mostrar en menús	Asus	Nexus 7	No carrier	9 de abril de 2017	8 de diciembre de 2015	Editar
	Nexus Player	Mostrar en menús	Asus	Nexus Player	No carrier	9 de abril de 2017	7 de octubre de 2015	Editar

4 ¿Actualizaciones automáticas?

Una de las características más interesantes de Google Play es que las aplicaciones que instalemos se actualizarán en forma automática, cada vez que nos conectemos a Internet mediante una red WiFi. Esto mantendrá las apps actualizadas y así tendremos la seguridad de contar siempre con las últimas versiones o características disponibles.

Cuando tenemos pocas apps en el dispositivo o cuando tenemos acceso a una conexión a Internet veloz, la actualización no será un problema, pero este proceso también podría convertirse en una molestia. Por esta razón, es una buena idea desactivar la actualización para algunas apps; para hacerlo, debemos elegir la aplicación que no deseamos actualizar automáticamente y acceder a su ficha, desplegar el menú y desmarcar la casilla **Actualizar automáticamente**. Luego de completar estas indicaciones, solo esta app no será actualizada en forma automática.

Es posible que no deseemos que algunas apps se actualicen de forma automática, ya sea porque la versión actual nos gusta o porque puede que haya problemas con la actualización.

5 Que ninguna app se actualice

Ya vimos cómo podemos desactivar las actualizaciones automáticas en apps específicas. Pero ¿qué sucede cuando deseamos desactivarlas en todas las apps? Una opción es hacerlo en cada una, pero esto nos llevaría mucho tiempo, mucho más, si tenemos una gran cantidad de aplicaciones instaladas. Por esta razón, para desactivar por completo las actualizaciones, vamos a seguir un procedimiento un tanto distinto.

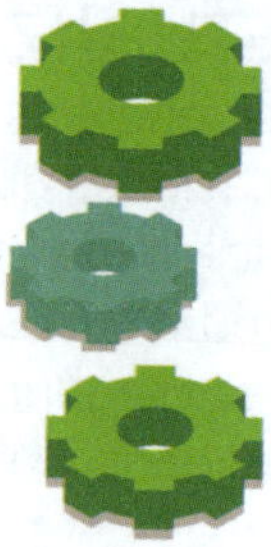

1 Iniciamos Google Play en el dispositivo.

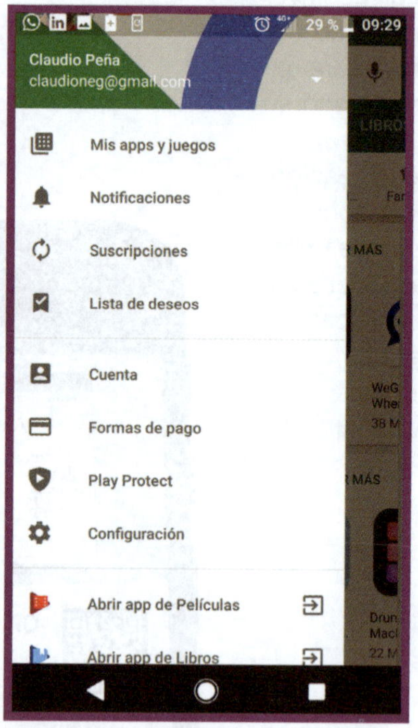

2 Desplegamos la **Configuración**.

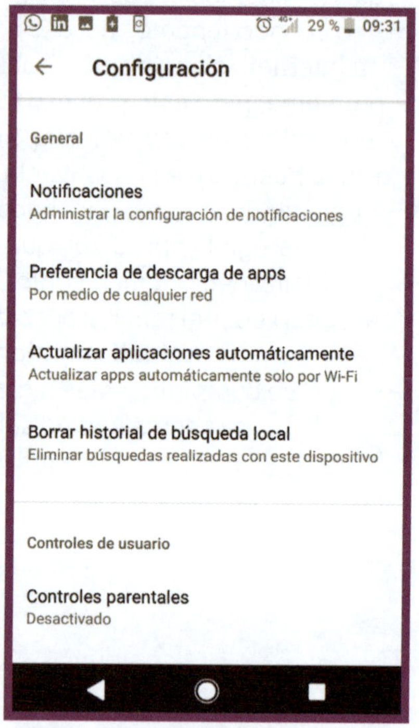

3 En la sección **General** seleccionamos **Actualizar aplicaciones automáticamente**.

4 Se desplegará una ventana con una serie de opciones, entre las cuales debemos marcar **No actualizar las aplicaciones automáticamente**.

6 Solicitar devolución

Cuando compramos una aplicación o juego desde Google Play, tenemos un tiempo de dos horas para solicitar un reembolso, es decir, para devolver la compra efectuada. Para hacerlo, tendremos que acceder en forma directa a la ficha de la aplicación.

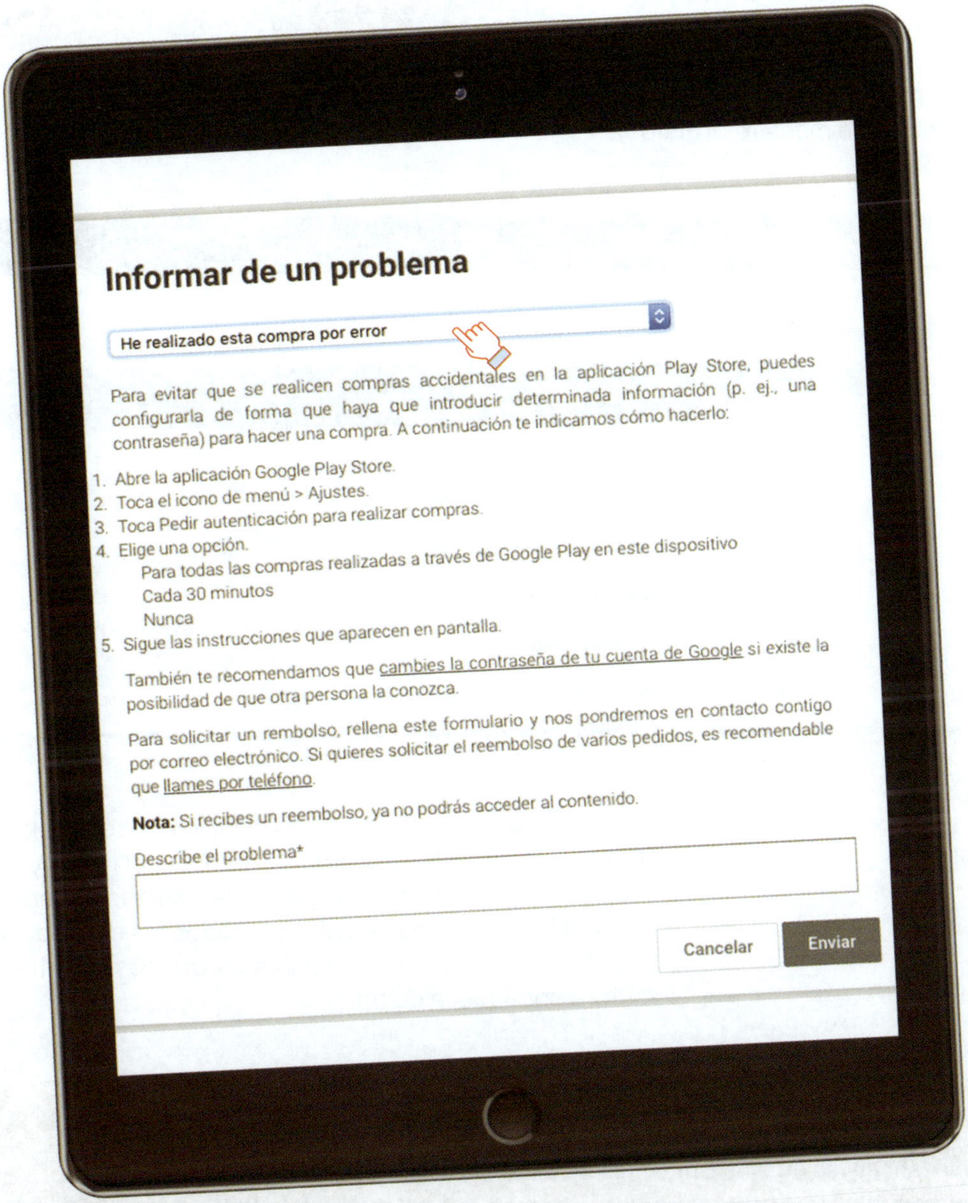

Ahora bien, si han pasado más de dos horas, podemos realizar el siguiente procedimiento. En primer lugar, accedemos a nuestra cuenta de Google Play, en la dirección **https://play.google.com/store/account**; allí veremos el listado de pedidos y compras realizadas, ubicamos la que deseamos devolver y hacemos clic en los tres puntos correspondientes. En el menú que se despliega, elegimos **Informar de un problema**, **He realizado esta compra por error** y describimos el problema. Solo nos quedará esperar para ver si Google nos devuelve el dinero.

7 Historial de compras

Cada compra que realizamos en Google Play puede ser respaldada con la correspondiente factura, de modo que, si es necesario, podremos desgravar IVA. Si hemos realizado una compra y necesitamos la factura, tenemos que acceder a Google Play y dirigirnos al Centro de Pagos, que se encuentra en la dirección **https://payments.google.com/payments/u/0/home#**. Hacemos clic en **Ver compras** y esperamos hasta que se muestre el historial completo de compras.

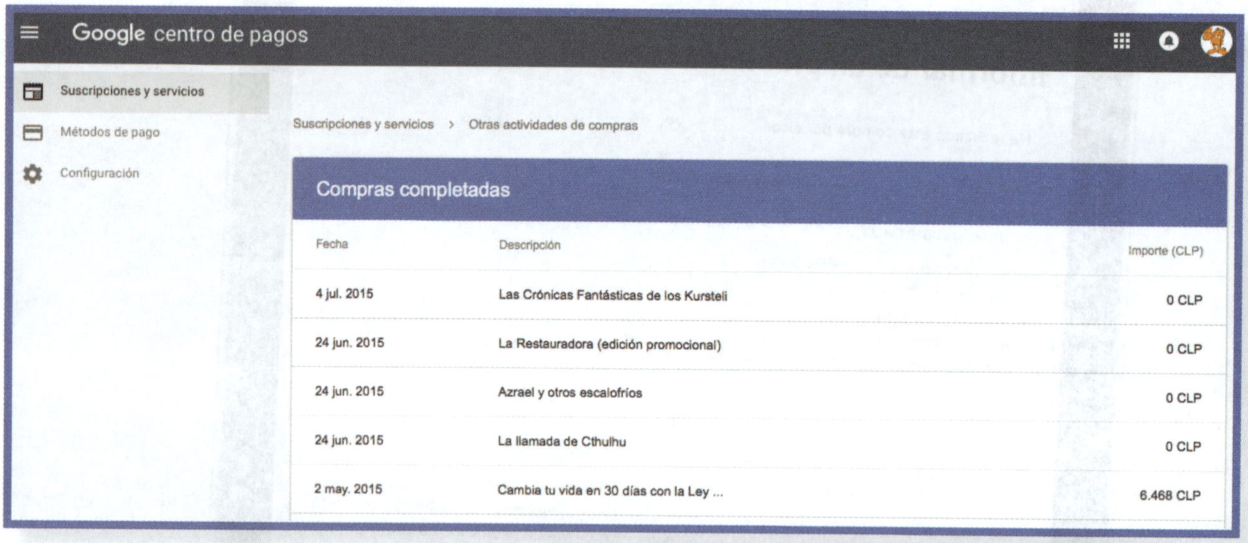

En el listado de compras efectuadas, veremos el nombre del artículo, la fecha de compra y también el importe. Pulsamos sobre la compra adecuada y se desplegará una sección lateral donde se entregan todos los datos de la operación. En caso de ser posible, podremos solicitar la factura por aquella compra.

Ser beta tester

Antes de que se lancen las nuevas funciones de manera estable, se lanza una versión beta.
Ser beta tester permite a los usuarios ser los primeros en probar las novedades de una aplicación. Dentro del perfil de una aplicación en Google Play, suele aparecer un apartado en el que se indica a los usuarios la manera en la que se pueden convertir en beta testers.
Por desgracia, no todas las aplicaciones ofrecen esta posibilidad, aunque apps como WhatsApp o Instagram son algunas que permiten ser beta tester.

8 Compras compartidas

Google Play nos permite establecer un grupo familiar de hasta seis miembros, de forma que podremos compartir las compras realizadas entre sus integrantes.

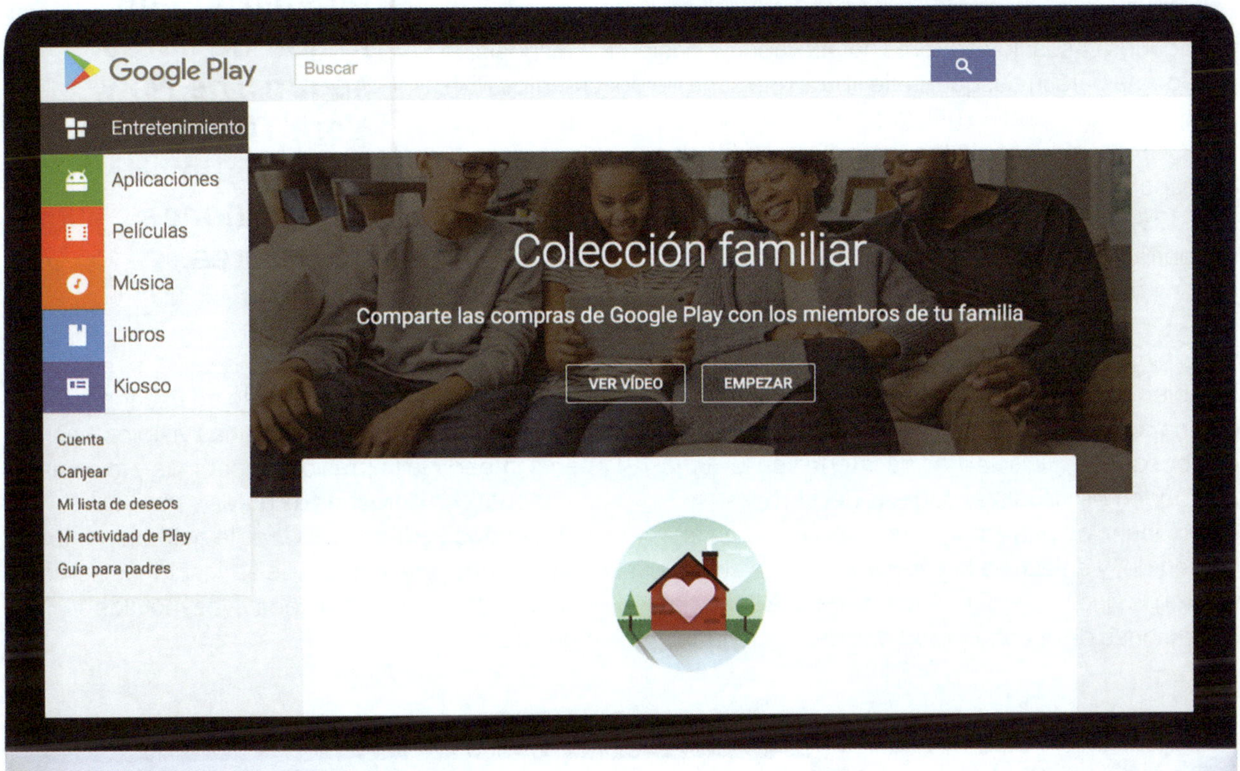

Para hacerlo, vamos a Google Play y accedemos a **Cuenta**, donde pulsamos en la opción **Regístrate para crear la colección familiar**. Luego seguimos los pasos indicados por el asistente para crear el grupo y agregar a las personas adecuadas.

Esto nos permitirá no solo compartir el contenido que adquiramos, sino también gestionar las compras de la familia y, como valor agregado, agregar el Plan Familiar de Google Play, que nos dará la posibilidad de reproducir música a todos los integrantes de la familia, por una única cuota mensual.

Google Play da a los usuarios en Android la posibilidad de crear un grupo familiar con hasta seis miembros en total.

Google Libros

Google Libros es un motor de búsqueda de Google que nos permite realizar una búsqueda de texto completo en millones de libros en diferentes idiomas. En 2004, la empresa inició la digitalización de libros libres de derechos de autor y con derechos de autor.

Digitalización

Google busca el texto completo de los libros que digitaliza, convierte el texto por medio de reconocimiento óptico de caracteres (OCR) y lo almacena en su base de datos en línea.
En algunos casos, los editores colaboradores pusieron a disposición de Google para la búsqueda de libros una serie de documentos PDF completos, que podían utilizarse directamente o una vez procesados con OCR. La mayoría de las obras digitalizadas no se encuentran ya disponibles en forma impresa o comercialmente. El 9 de octubre de 2009, Google anunció que el número de libros digitalizados se encontraba por encima de los 10 millones.

En marzo de 2007, Google había digitalizado un millón de libros, según *The New York Times*, a un costo estimado de 5 millones de dólares.

Google Libros

También podemos buscar solo libros en la página dedicada a Google Libros. Al realizar una búsqueda allí, se abre una interfaz en la que podemos visualizar páginas del libro, así como anuncios publicitarios relacionados con el contenido, y enlaces a la página web de la editorial y librerías que lo venden. A través de una serie de limitaciones de acceso y medidas de seguridad, algunas basadas en seguimiento de usuarios, Google limita el número de páginas visibles y así intenta impedir la impresión de páginas y la copia de material con derechos de autor.
La Búsqueda de libros de Google está disponible en las respectivas tiendas de aplicaciones como descarga gratuita para dispositivos móviles Android y Apple.

Con Google Libros, podemos no solo leer libros y revistas, sino también descargarlos, citarlos y traducirlos. Los editores proporcionan algunos libros, mientras que otros se escanean como parte del Proyecto para bibliotecas.

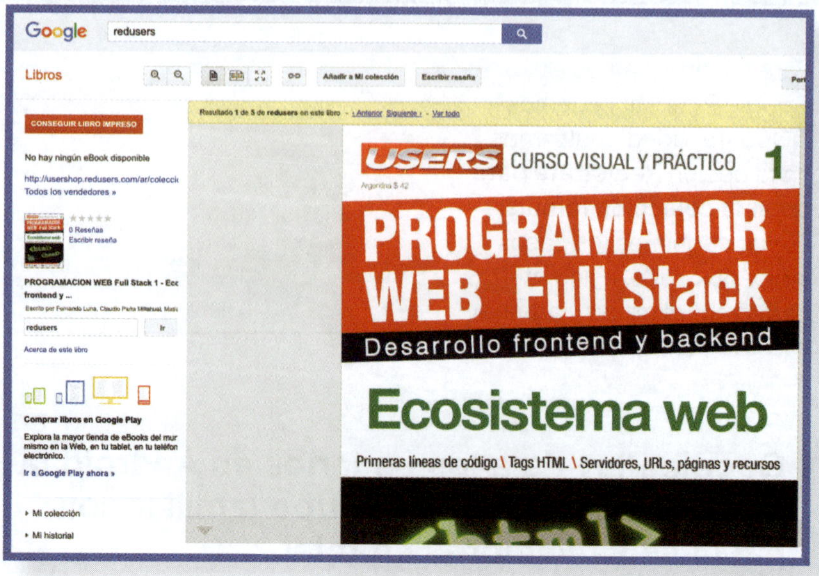

Proyecto para bibliotecas

El objetivo de Google con este proyecto de asociación con bibliotecas para la digitalización de libros de sus colecciones es crear un catálogo en el que se puedan buscar los libros de todo el mundo a través de Internet. El Proyecto para bibliotecas permite que los usuarios busquen en Google millones de libros escritos en una multitud de idiomas, facilitando la búsqueda de libros relevantes, especialmente aquellos que no se pueden encontrar de ningún otro modo como, por ejemplo, libros descatalogados, sin violar los derechos de autores y editores.

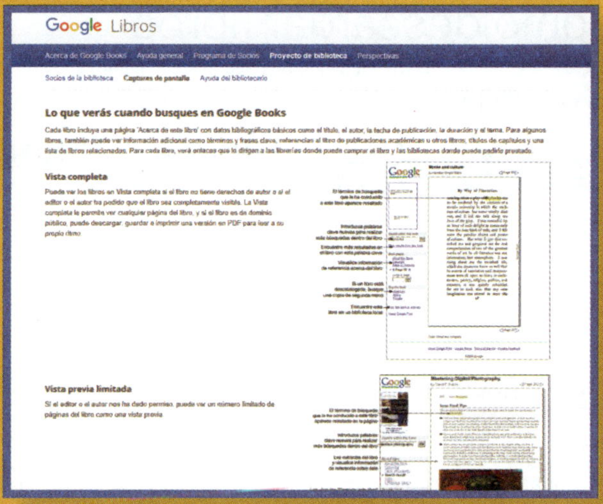

Buscar en Google Libros

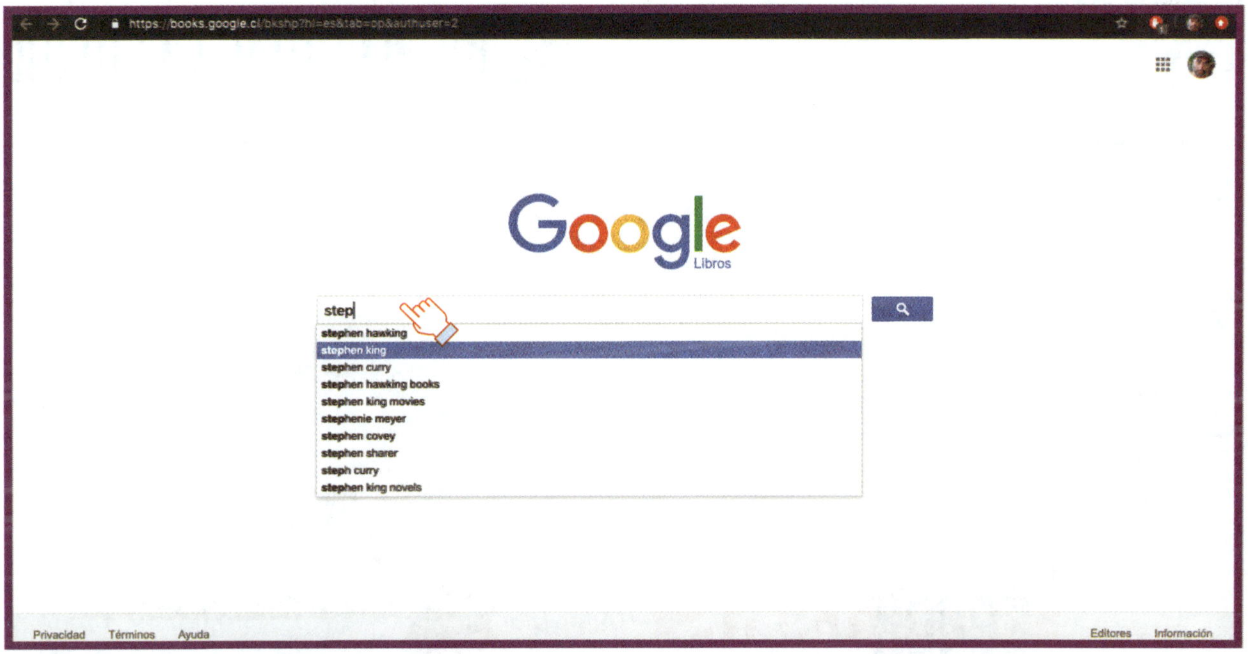

1 Vamos a **Google Libros**.

2 Buscamos por **título**, **autor**, **código ISBN** o **palabras clave**.

3 Para filtrar los resultados, hacemos una **búsqueda avanzada**.

4 Hacemos clic en el título deseado.

5 Para descargar, citar o traducir, seguimos los pasos indicados a continuación.

Cómo descargar libros

Podemos descargar algunos libros y revistas de forma gratuita para leerlos más adelante o imprimirlos. Para hacerlo, realizamos lo siguiente:

1 En la parte superior elegimos **ebooks gratuitos**.

2 Elegimos un libro, presionamos **(EBOOK GRATIS)**. Junto a **Descargar**, hacemos clic en **PDF** o **EPUB**.

3 Si no vemos **Libro electrónico: GRATIS**, hacemos clic en Comprar libro electrónico. De esta forma, podremos comprar el libro.

Cómo citar un libro

1 En la izquierda, hacemos clic en **Acerca de este libro**.

2 Nos desplazamos hacia abajo hasta **Información bibliográfica**. Encontraremos datos que podremos usar para citar la obra.

Copiar o traducir

Si deseamos copiar texto de un libro determinado debemos acceder a él desde la interfaz de Google Libros. En la parte superior de la página, hacemos clic en Cortar. Debemos tener en cuenta que esta opción no está disponible para todos los libros. Posteriormente seleccionamos el texto en el libro. Para copiar el texto como palabras, vamos a Texto de selección, luego seleccionamos el texto y lo copiamos.

Si queremos copiar el texto como una imagen, vamos a Imagen o Incorporar y copiamos la URL.

Por otra parte, para traducir el texto, hacemos clic en Traducir. Si no vemos la opción para copiar o traducir el texto, quiere decir que el editor no la puso a disposición para este libro.

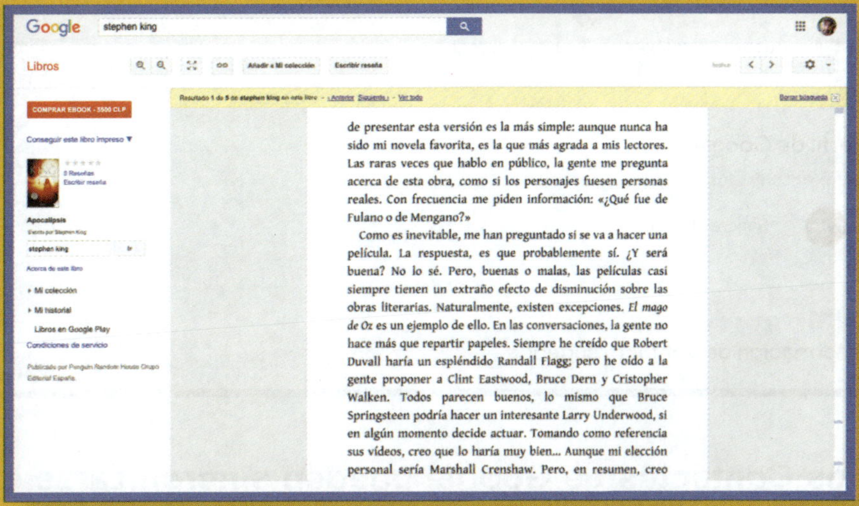

Google Contactos

Contactos de Google es la herramienta de administración de contactos que se encuentra disponible en su servicio gratuito de correo Gmail, como servicio independiente y como parte de la serie integrada de aplicaciones web de Google para empresas, Google Apps.

¿Preparado para administrar la lista de contactos?

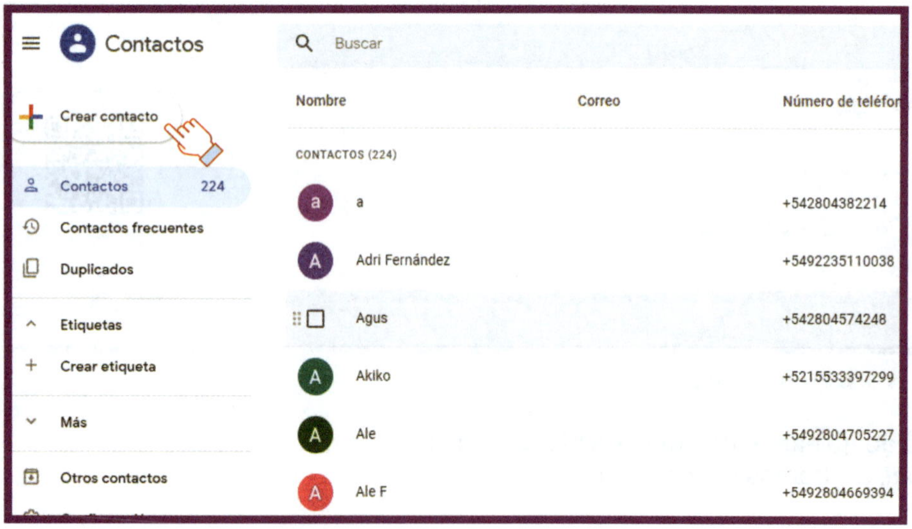

1 Entramos en **contacts.google.com** e introducimos las credenciales de la cuenta de Google. Aquí debemos poner el mismo correo de Gmail y contraseña que en el móvil, para que los contactos que gestionemos sean los mismos.

2 Desde la página, veremos todos los contactos que tenemos agregados a la agenda de la cuenta de Google. Esto quiere decir que si, por ejemplo, usamos la misma cuenta que en el celular, todos los contactos que agreguemos en el móvil los veremos en la Web, y los que agreguemos en la Web aparecerán en el móvil.

Los Contactos de Google pueden sincronizarse entre distintos dispositivos móviles y sistemas operativos.

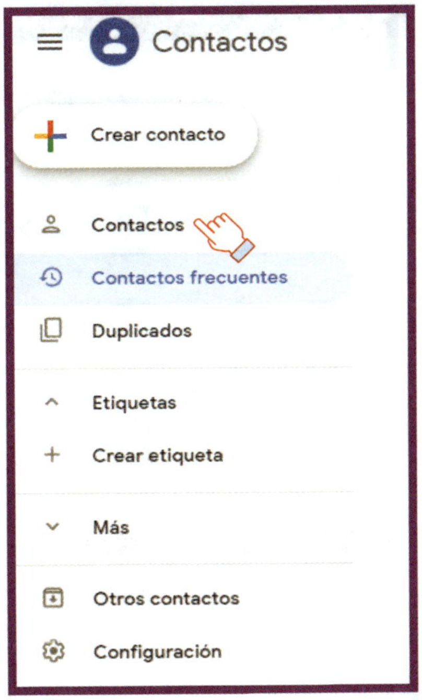

3 Los contactos se mostrarán con el nombre que hayamos añadido a cada uno, y a la derecha figurará su correo electrónico. Con solo hacer clic, iremos a Gmail. Si pulsamos sobre los nombres, en cambio, entraremos en la ficha de los contactos, donde veremos todos los datos que hayamos añadido de cada uno.

4 Para agregar un nuevo contacto, solo tenemos que pulsar en el símbolo de suma que aparece en la esquina superior izquierda. Al hacerlo, se abrirá una ficha en la que podremos introducir todos los nombres que queramos del contacto. Si añadimos un correo de Gmail que tenga una cuenta, se añadirán automáticamente los datos que tenga Google de esa cuenta.

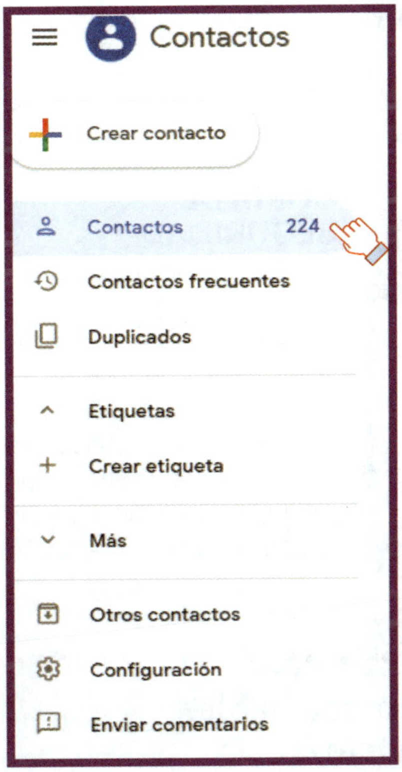

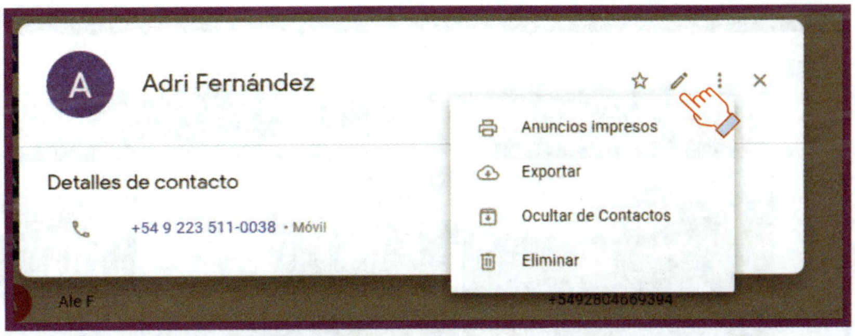

5 Si hacemos clic sobre el nombre de uno de los contactos, aparecerán todos los detalles en una ficha. En la parte superior derecha de esta ficha tendremos varias opciones. Si pulsamos sobre el icono del lápiz, podremos editar la información del contacto, y si pulsamos sobre la estrella, lo convertiremos en contacto favorito que aparecerá al principio del todo.

6 En la izquierda de la Web tenemos una columna con más opciones:

- Contactos duplicados y fusionados
- Opciones para añadir etiquetas
- Contactos frecuentes

Google Fotos

Google Fotos (del inglés Google Photos) es una aplicación de intercambio de fotografías y videos, y un servicio de almacenamiento. El 14 de febrero de 2016 sustituyó a Picasa, y ahora es el único organizador de fotografías de Google.

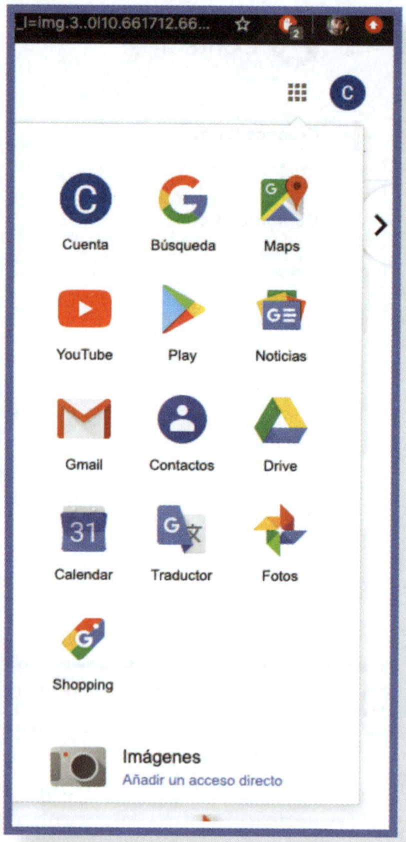

Razones para usar Google Fotos

COPIA DE SEGURIDAD

Solo tenemos que aceptar la copia de seguridad en los ajustes y listo: Fotos se encargará de subirlas a nuestra cuenta cuando nos conectemos a una red WiFi. Y tendremos espacio ilimitado si mantenemos el tamaño redimensionado.

La aplicación crea una copia de seguridad de las fotos para el servicio en la nube, con lo cual se hacen accesibles entre todos los dispositivos conectados al servicio.

Buscador inteligente

Google Fotos incluye un buscador con inteligencia artificial que permite localizar las imágenes relacionadas con la búsqueda. Por ejemplo, si sacamos una foto a un perro, bastará con poner "perro" en el cuadro de búsqueda y listo.

ASISTENTE PERSONAL

Se dedica a ofrecer distinto contenido relacionado con nuestras imágenes. Por ejemplo, las edita para convertirlas en obras de arte, nos recuerda momentos especiales, o crea álbumes con localizaciones o escapadas.

EDICIÓN DE FOTOS

Con solo abrir cualquier foto usando la aplicación y pulsar en la parte inferior, en el icono de los ajustes, podremos recortarla, mejorar sus condiciones y aplicarle filtros.

COMPARTIR ÁLBUMES

Google Fotos es genial para compartir fotografías con nuestra familia o amigos. Simplemente creamos un álbum, le ponemos título y añadimos las imágenes. Luego lo compartimos y ya está: cualquiera podrá ver las fotos sin temor a que las borren, ya que mantendremos el control sobre ellas.

LIBERAR ESPACIO EN EL TELÉFONO

Google Fotos nos irá mostrando capturas e imágenes que crea innecesarias para que hagamos una limpieza con frecuencia. Además, y siempre que hayamos respaldado las imágenes, podremos liberar espacio con el botón del lateral, llamado Liberar espacio.

G Suite: qué es y cómo funciona

Es una suite de herramientas para empresas que incrementa la productividad y reduce los costos. Incluye las aplicaciones Gmail, Hangouts, Calendar, Drive, Docs, Sheets, Slides, News, Play y Sites.

¿Qué incluye?

Google Suite nos permite mantener una colaboración segura en tiempo real entre grupos de trabajo de cualquier tamaño. Gracias a los documentos alojados, el acceso a video basado en la Web y sencillas herramientas para la creación de sitios, la información está disponible desde cualquier navegador o teléfono inteligente.

G Suite proporciona varios productos de Google con un nombre de dominio personalizado por el cliente, además de Marketplace, una tienda de apps para los usuarios de G Suite.

- **Conectar:** correo personalizado, calendario, Hangouts chat y Meet
- **Acceder:** Drive y Cloud Search
- **Crear:** documentos, hojas de cálculo, formularios, presentaciones, sites, appmaker y keep
- **Controlar:** administrador, vault, datos seguros con la administración de dispositivos móviles

Las aplicaciones son las mismas que en una cuenta gratuita de Gmail, pero con Suite podemos gestionar todo desde una consola de administración, un panel en donde podemos controlar:

- Usuarios
- Dispositivos de empresa
- Funciones de seguridad
- Acceso directo al equipo de asistencia
- Configuración de informes de los servicios
- Dominios y alias
- Migraciones de datos
- Grupos de trabajo y listas de distribución
- Ejecutar nuestras propias aplicaciones en la plataforma de Google

Ediciones

G Suite está disponible en varias ediciones. Cada una tiene un límite de número de cuentas de usuario individuales que se pueden crear. Fue lanzado con una distribución predeterminada de 200 usuarios en la Standard Edition (gratuita), que rápidamente fue cambiada a 100 usuarios.

¿Qué solución de G Suite escoger?

Podemos utilizar G Suite desde cualquier nivel y tipo de negocio.

NUEVAS EMPRESAS

Correo con dominio, y las herramientas básicas con la seguridad y protección de Google Apps.

PEQUEÑAS Y MEDIANAS EMPRESAS

Aquí podremos simplificar enormemente los procesos con el e-mail, almacenamiento y gestión de equipos.

PARA EQUIPOS DE TRABAJO

Todas las herramientas colaborativas a máxima potencia siempre disponibles y capacidades organizativas de Calendar. Videoconferencias de múltiples asistentes y almacenamiento ilimitado.

El nivel de suscripción de una edición de G Suite se factura en función del número total de usuarios disponibles en la cuenta de apps, y las características de la edición se aplican a todas las cuentas de usuario en esa suscripción.

Crear un blog

Blogger es un servicio fundado originalmente por Pyra Labs con el fin de ofrecer una plataforma con la que cualquier usuario pudiera expresarse en internet a través de la publicación de contenidos en blogs propios. Desde el año 2003, debido a su propuesta y a su crecimiento, fue adquirido por Google, que lo unificó a todo su sistema de servicios y plataformas.

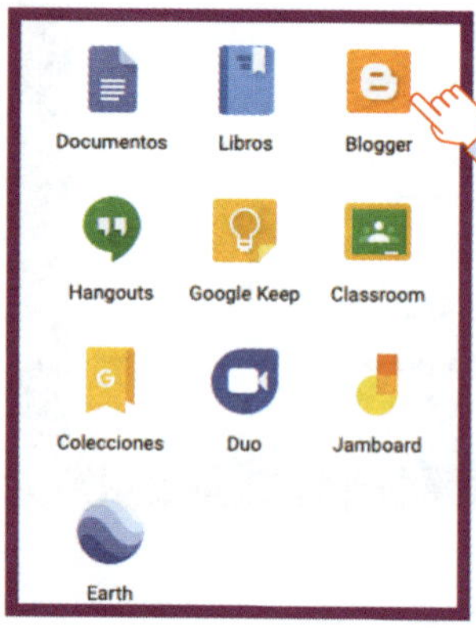

1 Para comenzar iniciamos una sesión en nuestra cuenta de Google, desplegamos los servicios y aplicaciones de Google y elegimos **Blogger**.

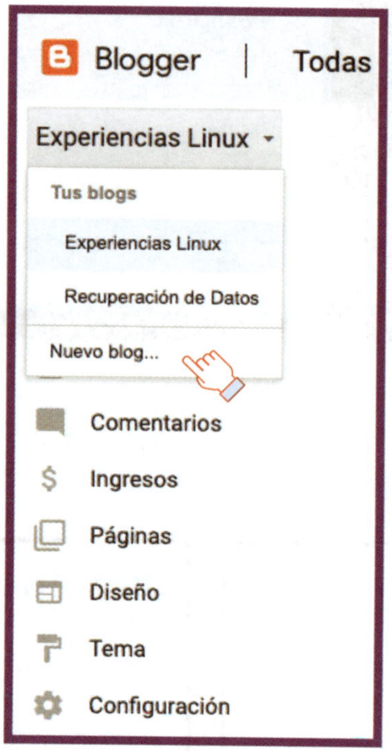

2 Desplegamos **Tus blogs** y elegimos la opción **Nuevo blog**.

3 En la ventana que se presenta escribimos un **Título** y una **Dirección** para el nuevo blog. Si la dirección no está disponible recibiremos un mensaje indicándolo.

4 Escribimos una nueva dirección hasta ver el mensaje **Esta dirección de blog está disponible**.

5 Para continuar elegimos entre uno de los temas disponibles. Para este ejemplo seleccionamos **Viajes**. Después hacemos clic sobre **Crear blog**.

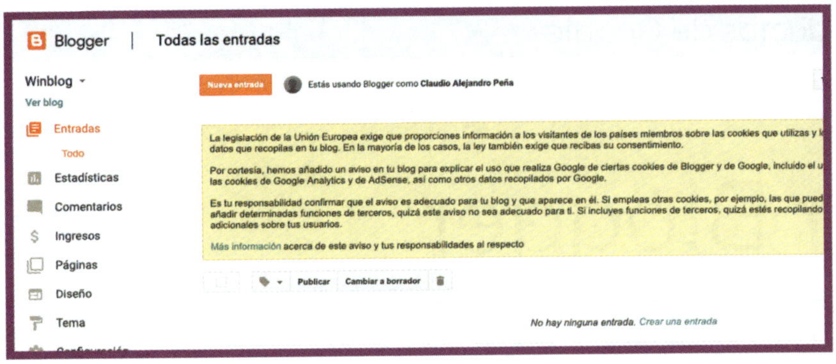

6 Luego de un momento el blog será creado y nos encontraremos en la interfaz principal de Blogger.

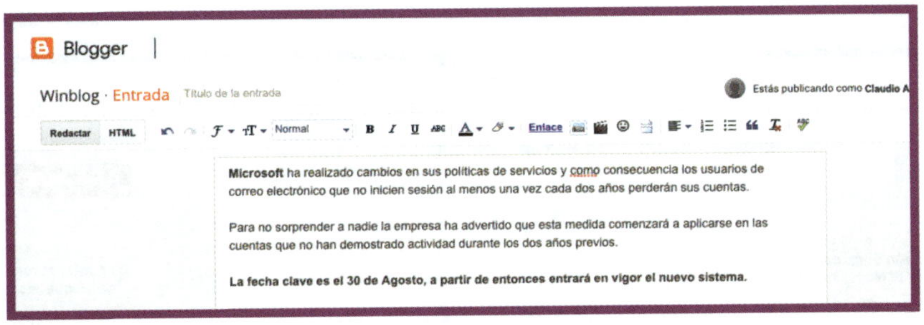

7 Hacemos clic sobre **Nueva entrada** para crear nuestro primer post. Utilizamos las herramientas que nos proporciona el editor para escribir y editar el post.

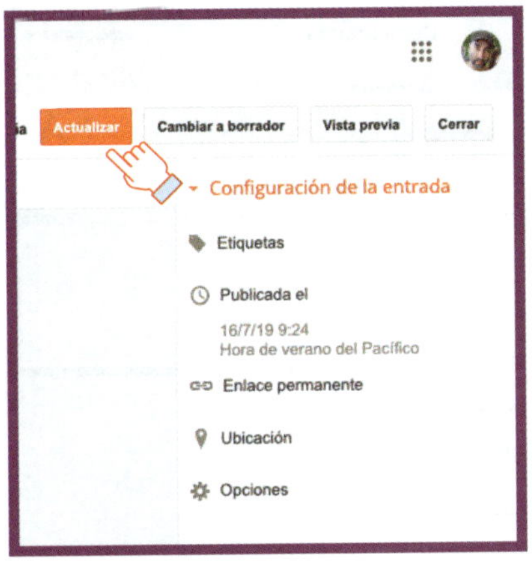

8 Una vez que el post se encuentre terminado hacemos clic en **Publicar**. También podemos elegir **Guardar** para publicarlo más tarde. Si luego realizamos modificaciones debemos presionar sobre **Actualizar**.

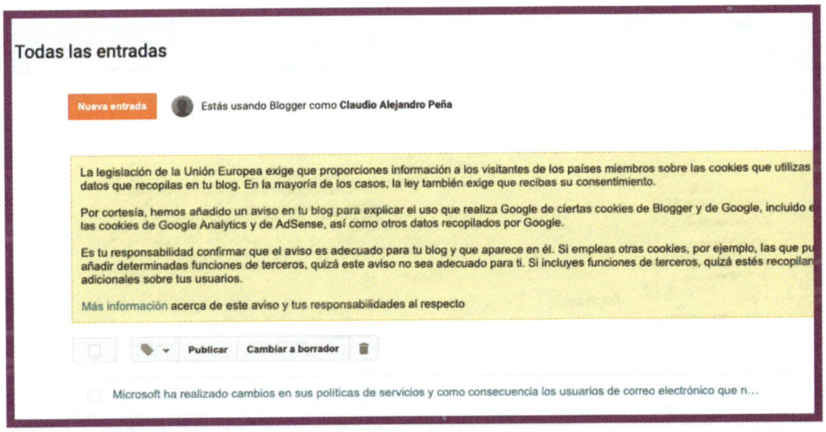

9 Los post que publiquemos estarán accesible desde la interfaz principal de Blogger, en la sección **Todas las entradas**.

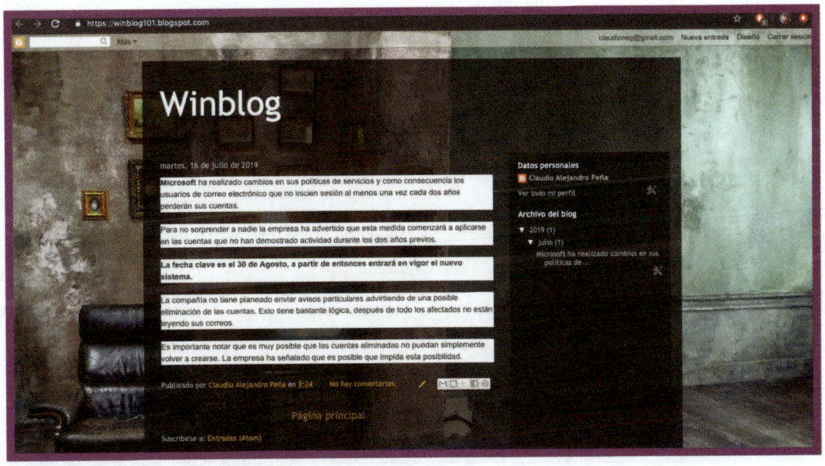

10 Para ver la apariencia final del blog podemos acceder directamente a la dirección que indicamos al crearlo.

Configurar Blogger

Ahora que ya creamos nuestro blog realizamos los pasos necesarios para configurarlo correctamente.

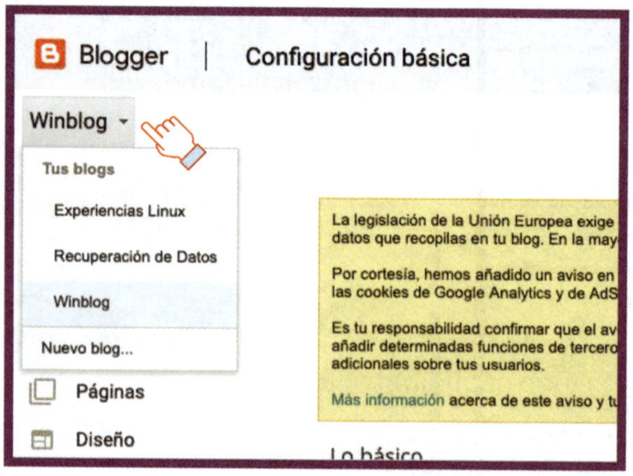

1 En primer lugar accedemos a Blogger y, desde el menú superior, elegimos el blog en el que trabajaremos.

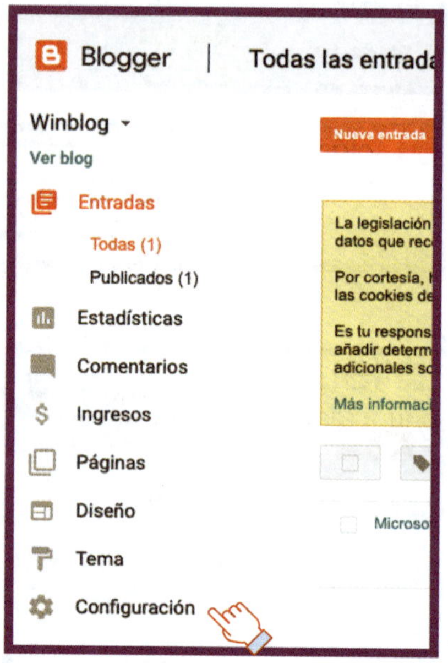

2 Hacemos clic sobre **Configuración**.

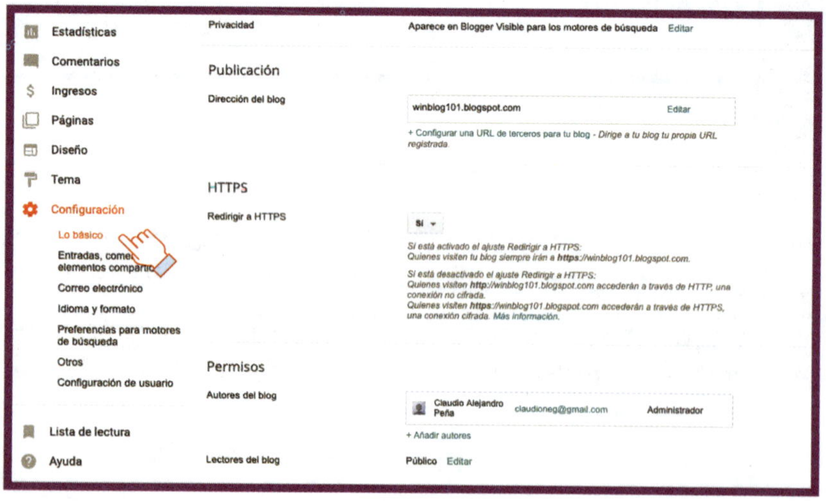

3 Seleccionamos la sección **Lo básico**, en ella podemos editar el título, descripción, dirección y permisos, entre otros datos.

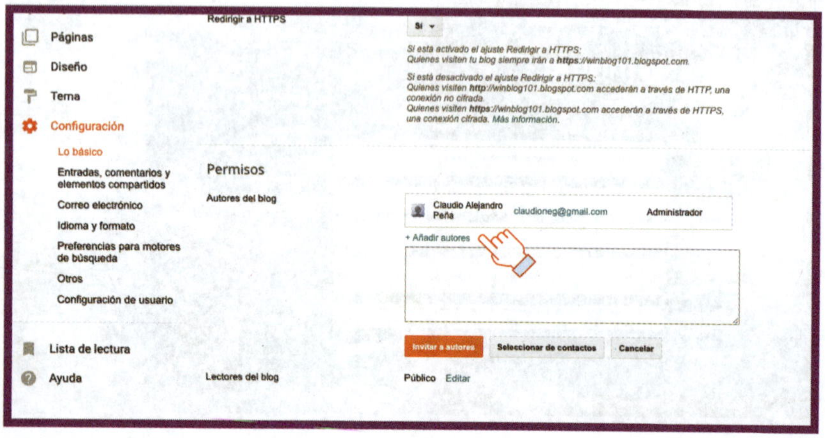

4 Haciendo clic sobre **+ Añadir autores** podemos invitar a otros usuarios para ser autores del blog

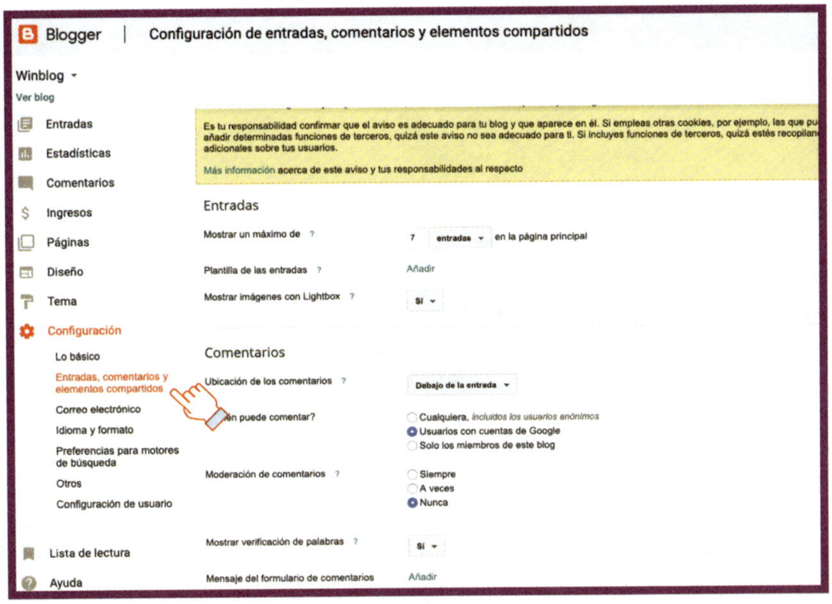

5 En la sección **Entradas, comentarios y elementos compartidos** es posible configurar el máximo de entradas para mostrar y la ubicación de los comentarios, entre otros.

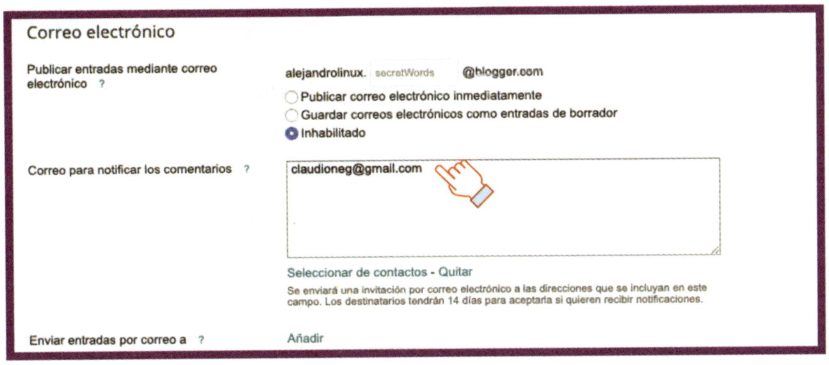

6 En la sección **Correo electrónico** definimos un email para publicar las entradas.

7 Podemos definir el idioma para el blog y también la zona horaria y formato de hora en la sección **Idioma y formato**.

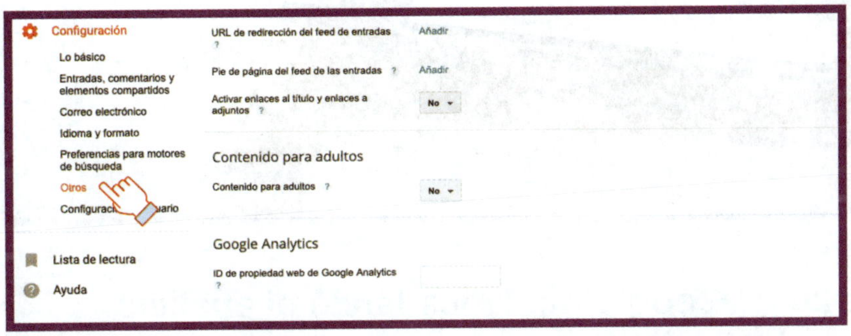

8 En la sección **Otros** encontramos la posibilidad de importar y realizar copias de seguridad, también es posible eliminar el blog.

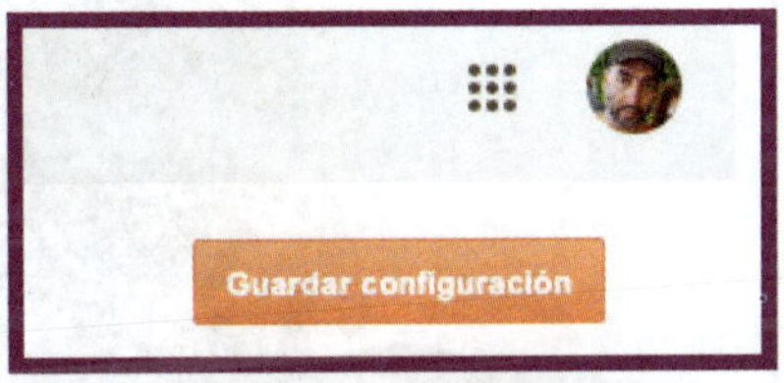

9 Una vez que terminemos de retocar la configuración del blog debemos hacer clic sobre **Guardar configuración** para que los cambios se apliquen.

Google Analytics, ¿qué es y para qué sirve?

Google Analytics es una herramienta de analítica web de Google que nos brinda información sobre el tráfico que llega a nuestros sitios, y así nos permite analizar la audiencia, el comportamiento de los usuarios y las conversiones, entre otras métricas. Se trata de una herramienta fundamental para el desarrollo, mantenimiento y mejora de cualquier sitio web, sin importar su tamaño.

¿Qué podemos hacer?

Google Analytics o GA nos permite identificar páginas de bajo rendimiento, y saber de dónde provienen los visitantes, cuánto tiempo permanecieron en el sitio web y cuál es su posición geográfica. Integrado con Google AdWords, nos da la posibilidad de revisar las campañas en línea mediante el seguimiento de la calidad de la página de destino y las conversiones (objetivos). Las metas pueden incluir ventas, generación de leads, ver una página específica o descargar un archivo en particular. También nos proporciona funciones más avanzadas, como la segmentación de visitantes personalizada. Con los informes de comercio electrónico de Google Analytics, podemos realizar un seguimiento de la actividad de ventas y el rendimiento. Los informes de comercio electrónico muestran las transacciones de un sitio, los ingresos y muchas otras métricas relacionadas.

El 29 de septiembre de 2011, Google Analytics lanzó el análisis en tiempo real, con lo cual permite que un usuario tenga una idea de los visitantes que se encuentran actualmente en el sitio.

¿Por qué debemos usar GA?

Con la información que obtenemos de GA, es posible tomar mejores decisiones acerca de qué aspectos cambiar u optimizar, o qué tácticas implementar para lograr los objetivos del sitio. Por ejemplo, podemos saber qué contenido prefiere la audiencia, con el fin de mejorar los artículos de un blog.
También podemos identificar fallas de nuestro sitio o de la estrategia digital, según el tipo de objetivo y sitio que tengamos.
Son muchas las métricas que nos proporciona esta herramienta de Google, y todas ellas están agrupadas en cuatro ejes que explicaremos a continuación: **Audiencia**, **Adquisición**, **Comportamiento** y **Conversiones**.

Los webmasters y consultores SEO pueden obtener importantes KPIs y estadísticas de la web con GA. Además, también pueden realizar un seguimiento de las campañas de marketing y realizar tests A/B con Google.

Audiencia

Esta sección nos permite conocer datos de las personas que nos visitan; está dividida en áreas:

VISIÓN GENERAL
proporciona información sobre las características básicas de los visitantes, como ubicación geográfica y perfil demográfico.

INTERESES
Brinda información sobre los gustos y aficiones generales de los visitantes.

COMPORTAMIENTO
Indica, entre otras cosas, la frecuencia de visita, el tiempo de interacción y hasta información sobre aquellos que ingresan al sitio web a través de algún dispositivo móvil.

TECNOLOGÍA
Contiene información sobre el explorador, los sistemas operativos e, incluso, los proveedores de servicios de Internet que utilizan los usuarios.

Adquisición

A través de este reporte sabremos cómo los usuarios llegan a nuestro sitio web, es decir, qué tipo de canal los trae a él:

- **Canal orgánico**: engloba a los motores de búsqueda: Google, Yahoo, Bing, etc.
- **Canal directo**: contiene a los usuarios que escribieron nuestra URL en la barra de direcciones de su navegador.
- **Canal referencial**: son aquellos links entrantes que hacen referencia a nuestro sitio.
- **Canal social**: muestra todo el tráfico que llegó desde medios sociales: Facebook, Twitter, Pinterest, TripAdvisor, Instagram, y otros.

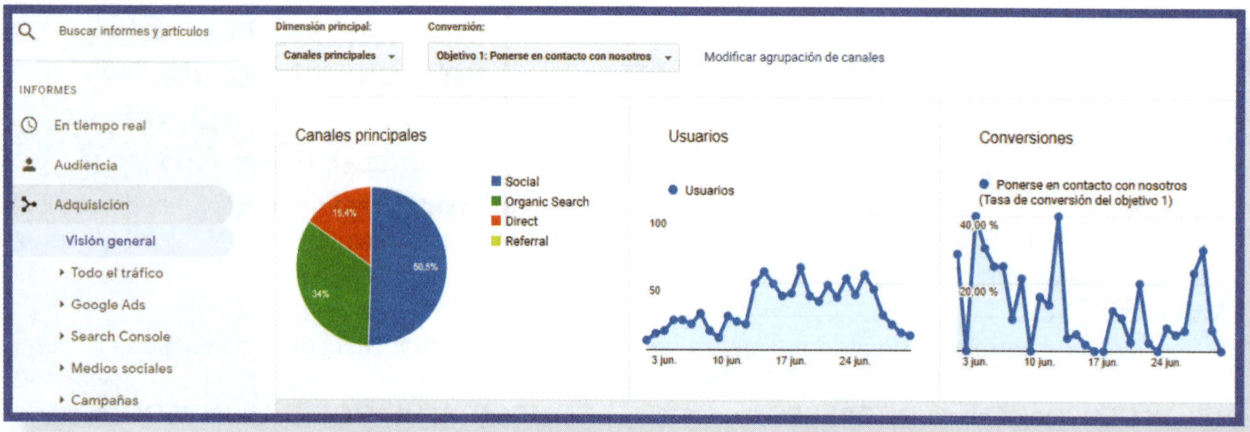

Comportamiento

Nos permite saber cómo interactúan los usuarios con nuestro sitio web. Podemos tener información sobre las páginas que visitan y la ruta que han seguido. En este reporte podremos encontrar dos informes especialmente útiles:

- **Flujo del comportamiento**: indica la ruta que siguen los usuarios desde una página o un evento al siguiente. Es de mucha ayuda para descubrir qué página y qué contenido está causando que los usuarios abandonen el sitio.
- **Analítica de página**: podemos realizar una evaluación visual del modo en que los usuarios interactúan con el sitio web.

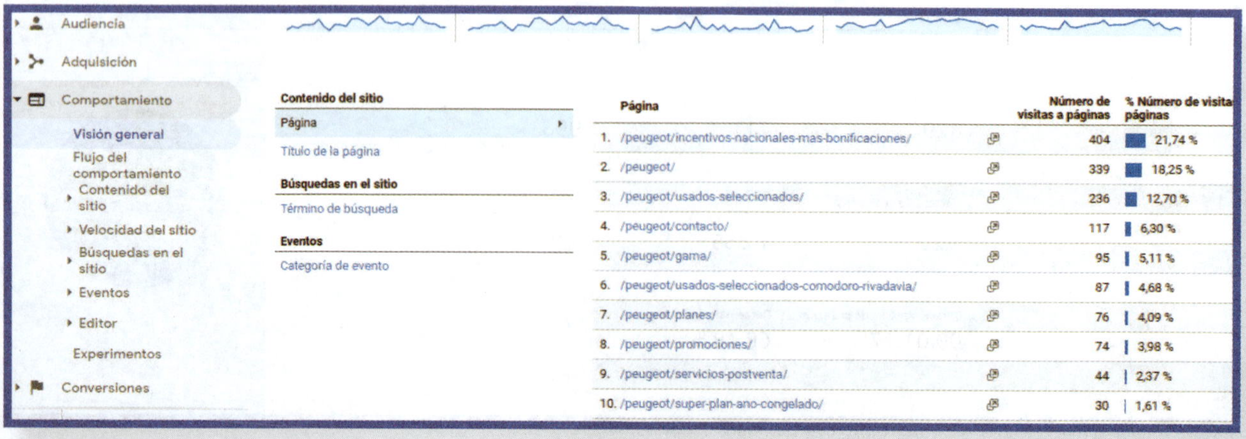

Conversiones

Para ver este reporte, necesitamos tener las conversiones activadas en la cuenta de Google Analytics y configuradas en nuestro sitio web. Aquí podremos ver cuánto hemos logrado convertir a los clientes y cuáles son los canales que mejor tasa de conversión han tenido.

Google Analytics es la herramienta de análisis web más utilizada en todo el mundo. Aunque no hay cifras exactas, se cree que cubre una cuota de mercado del 80%.

¿Cómo empezamos a usar GA?

La herramienta de analítica web de Google es gratuita; basta con tener una cuenta en Gmail y acceder a la plataforma: **https://analytics.google.com**. Una vez allí, debemos agregar la cuenta y propiedad que queramos monitorear. Podemos analizar varios sitios, y para hacerlo, es necesario instalar un código de seguimiento en cada web que monitoreemos, es decir que no podemos usar el mismo código para cada una.

Inserción del código GA

El código de Google Analytics se inserta en sitios web copiando el que provee la herramienta al registrar el sitio web. En los actuales CMS no es necesario agregar el código al sitio, sino que hay plugins y gadgets utilizados por Blogger y WordPress que nos simplifican esta tarea al agregar únicamente el código de seguimiento provisto.

Universal Analytics

El 2 de abril de 2014, Google anunció el lanzamiento completo de la última actualización de Analytics, que es, a su vez, la más importante que ha realizado hasta la fecha: Universal Analytics. Con esta actualización, la herramienta ofrece más funciones e información más precisa.

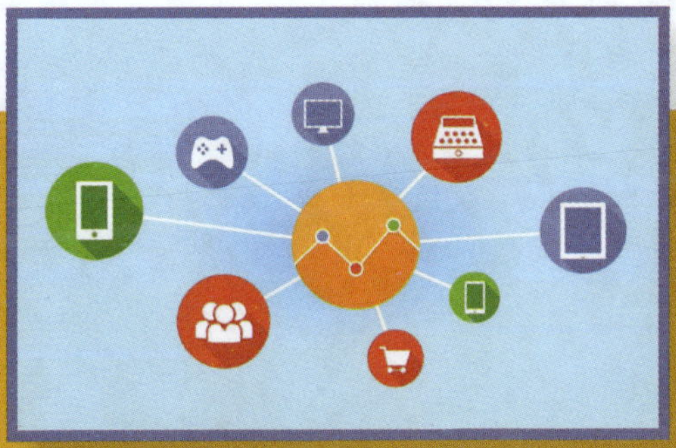

Crear una cuenta en Google Analytics

Google Analytics es la herramienta de análisis web más utilizada en todo el mundo. Los webmasters y consultores SEO pueden obtener importantes KPIs y estadísticas de la web. Crear y administrar cuentas es muy simple, y acá les contamos los pasos.

Acceder a Analytics

Se puede acceder a Analytics de dos formas: usando una cuenta independiente en **www.google.com/analytics** o a través de una cuenta de Google Ads vinculada.

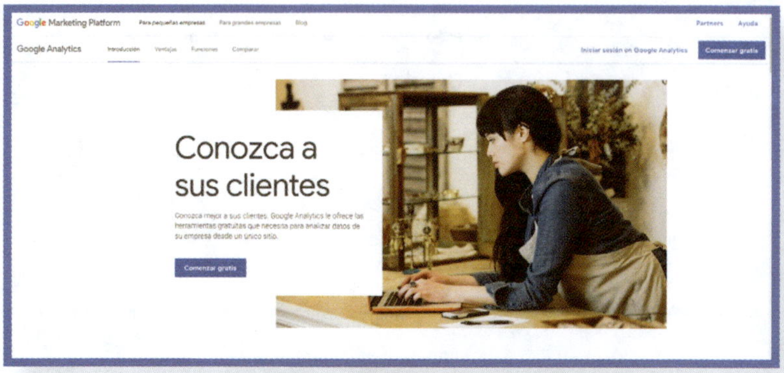

Acceder desde GA

Podemos iniciar sesión usando nuestra cuenta de Analytics en **www.google.com/analytics**. Hacemos clic en **Iniciar sesión**, situado en la parte superior derecha, y seleccionamos **Analytics**. Si ya hemos iniciado sesión en Google (por ejemplo, en la cuenta de Gmail), accederemos directamente a la interfaz de usuario. De lo contrario, introducimos nuestra **Cuenta de Google** y la **Contraseña**.

Una vez que hayamos iniciado sesión, podemos acceder a la función de búsqueda en la cuenta, situada en la parte superior de cualquier página de esta herramienta, para ver las cuentas, propiedades y vistas a las que tenemos acceso.

Acceder desde Google Ads

Si hemos vinculado Analytics a nuestra cuenta de Google Ads, podemos acceder a las vistas e informes en cualquier momento desde dicha cuenta, haciendo clic en **Herramientas/Medición** y seleccionando **Analytics** en el menú de la pestaña.

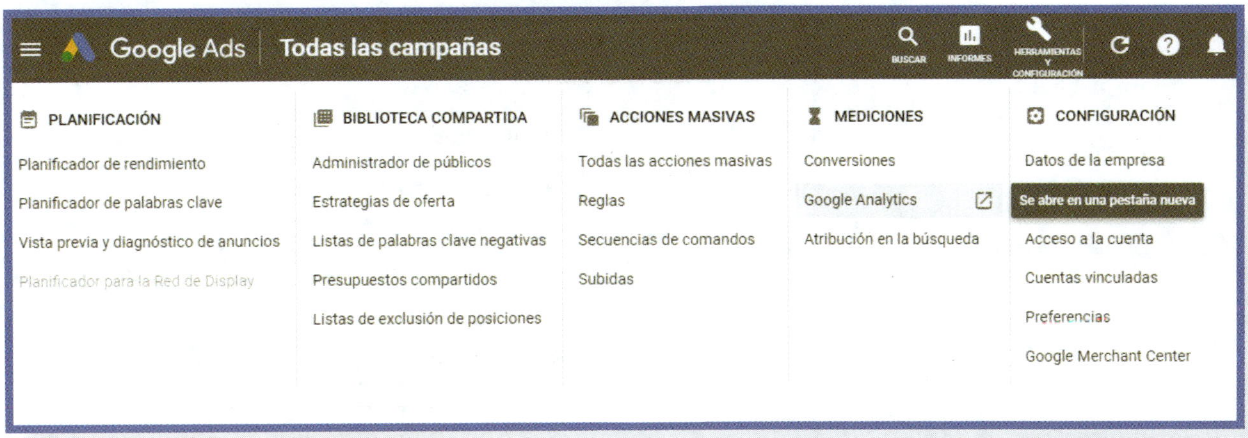

Cuentas y propiedades

Al crear una cuenta, automáticamente se crea una propiedad y una vista de datos en ella. Estos niveles conforman la estructura de Google Analytics que nos permite recoger y analizar los datos.

- **Cuentas**: podemos crear diferentes cuentas en una cuenta de Google Analytics, que a su vez se pueden dividir en **propiedades individuales**. Por lo tanto, es posible realizar un seguimiento de varios sitios web en una sola cuenta.
- **Propiedades**: cada URL tiene un ID individual o UA. Dentro de una sola cuenta podemos crear propiedades. Pueden ser subdominios o incluso versiones móviles y versiones en otros idiomas de un sitio web o aplicaciones.

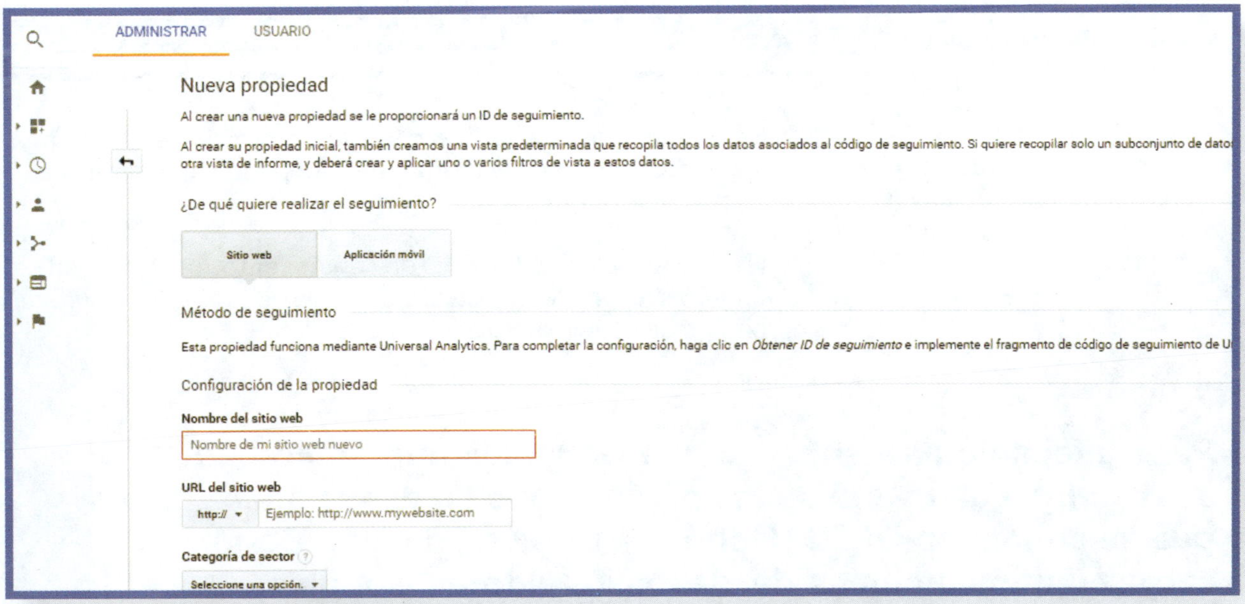

Gestionar una cuenta

La gestión de cuentas o propiedades es muy importante si utilizamos Google Analytics junto con otros servicios de Google, como Google Search Console o Google AdWords.

1 Hacemos clic en **Administrador**. En la columna **CUENTA**, seleccionamos **Crear una cuenta** en el menú.

2 Hacemos clic en **Sitio web** o **Aplicación móvil**.

3 En **Configuración de la cuenta**, completamos el campo **Nombre de la cuenta**. Para añadir la cuenta a nuestra organización, aceptamos el valor predeterminado. Para crear la cuenta fuera de la organización, desmarcamos la casilla.

4 En **Configuración de la propiedad** escribimos el nombre del sitio web o de la aplicación.

5 Introducimos la URL del sitio web. No se puede crear una propiedad si la URL no tiene el formato correcto.

6 Al seleccionar una categoría, podemos usar las plantillas de objetivos diseñadas para nuestro sector.

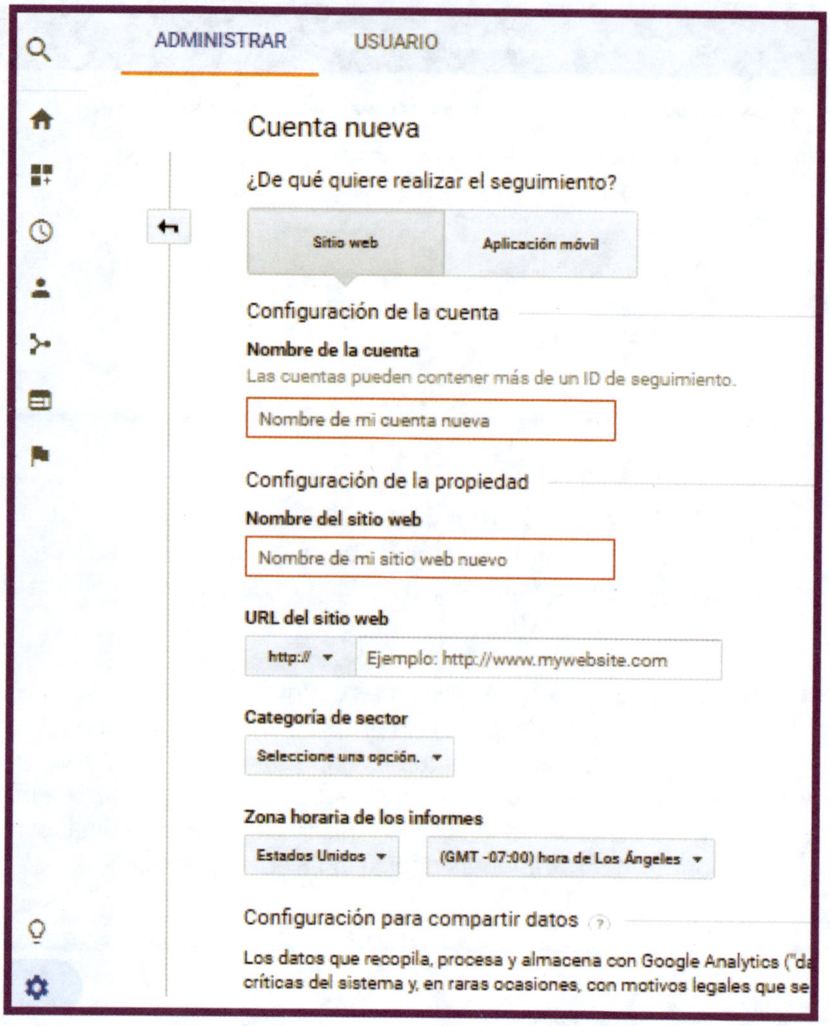

7 Seleccionamos la zona horaria de los informes. Se utilizará como el día límite de los informes, independientemente del origen de los datos.

8 Hacemos clic en **Obtener ID de seguimiento**. La propiedad se crea tras hacer clic en este botón, pero debemos configurar el código de seguimiento para recoger datos.

Para la tecnología web, se comienza añadiendo un código JavaScript a cada una de las páginas que se desea analizar, al que se denomina GATC (Google Analytics Tracking Code), que carga algunos archivos desde los servidores Google.

Configurar propiedades

Las propiedades son el lugar donde se envían los datos y se configuran las vistas de los informes. Cada cuenta de Analytics puede tener hasta 50 propiedades. Debemos tener permisos de edición en la cuenta para agregar propiedades. Veamos los pasos para configurar una propiedad:

1 Iniciamos sesión en **Google Analytics** y hacemos clic en **Administrar**. En el menú de la columna **CUENTA** seleccionamos aquella a la que deseamos agregar la propiedad.

2 En la columna **PROPIEDADES** seleccionamos en el menú la opción **Crear una propiedad**. Si no tenemos permisos de edición en la cuenta, la opción **Crear una propiedad** no estará disponible. Comprobemos que hayamos seleccionado la cuenta correcta en la columna **CUENTA**.

3 Seleccionamos **Sitio web** o **Aplicación móvil**.

4 Si seleccionamos **Sitio web**, en **Método de seguimiento**, seleccionamos **Firebase**. Luego, elegimos una aplicación del menú y hacemos clic en **Conectar aplicación**.

5 Si seleccionamos **Aplicación móvil** introducimos el sitio web o el nombre de la aplicación.

6 Solo en la versión web, introducimos la URL del sitio. No se puede crear una propiedad si la URL no tiene el formato correcto.

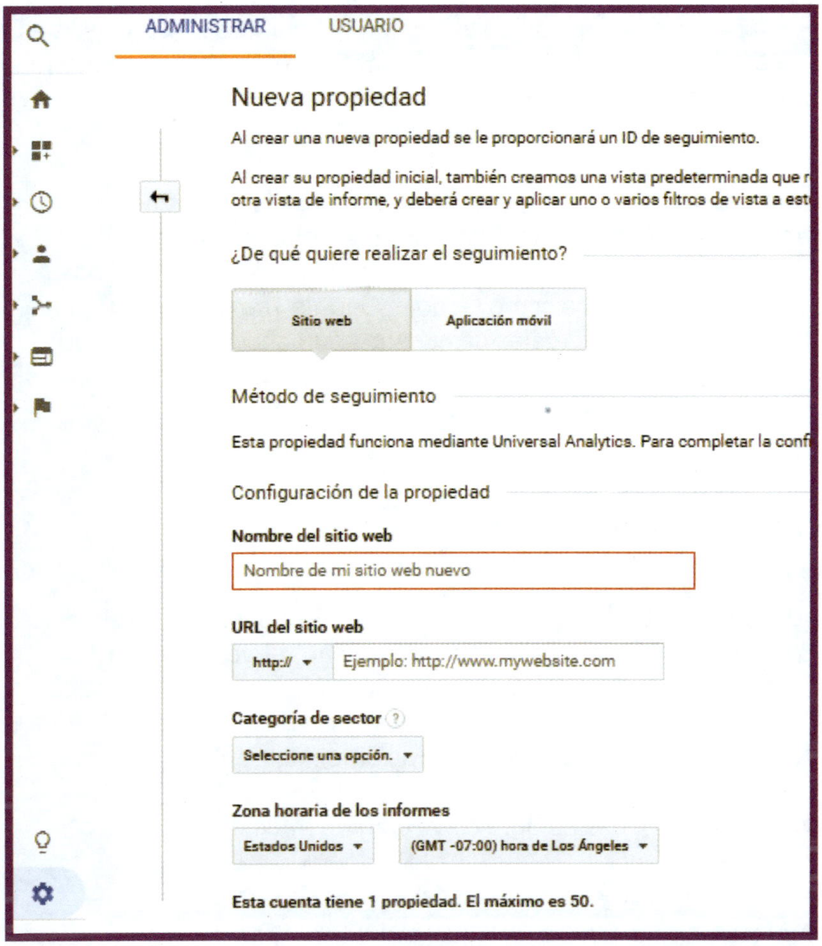

7 Seleccionamos una categoría del sector. Al hacerlo, podemos usar las plantillas de objetivos diseñadas para el sector.

8 Seleccionamos la zona horaria de los informes. Se utilizará como el día límite de los informes, independientemente del origen de los datos.

9 Hacemos clic en **Obtener ID de seguimiento**. La propiedad se crea tras hacer clic en este botón, pero debemos configurar el código de seguimiento para recoger datos.

En los actuales CMS no es necesario agregar el GATC pues existen plugins y gadgets listos para instalar.

Un recorrido por Google Trends

Google Trends es una herramienta gratuita de tendencias de búsqueda que nos permite conocer la evolución del número de consultas a Google sobre los temas que más nos interesen. Identificar estacionalidades y tendencias con G Trends nos permite mejorar el SEO de nuestro sitio o cualquier estrategia de marketing online.

Con esta herramienta logramos definir palabras clave que son **tendencia en el mercado digital**. En SEO, esto sería algo así como el génesis para alcanzar un buen posicionamiento en los motores de búsqueda como Google. Google Trends nos permite saber las búsquedas reales de nuestras audiencias, es decir, qué términos utilizan y qué frases prefieren emplear para buscar temas, productos, servicios, etc.

¿Qué podemos hacer con Google Trends?

Además de saber elegir la palabra clave, es fundamental conocer lo que nuestra audiencia busca. ¿De qué nos sirve crear contenidos increíbles de temas que no son buscados? Es por eso que Google Trends se ha convertido en una de las herramientas más utilizadas, porque nos muestra una variedad de datos útiles:

- El interés por una palabra clave elegida (muestra un gráfico con la tendencia).
- La comparación de dos o más términos de búsqueda.
- El nivel de búsqueda para esas palabras clave.
- Comparaciones puntuales de keywords, frases o empresas.
- La popularidad de un tema según las regiones (en forma de mapa).
- Comparaciones por zona geográfica.
- Comparaciones por períodos de tiempo puntuales.
- Las consultas populares relacionadas con las palabras clave (en forma de lista).

Las técnicas de SEO (optimización para motores de búsqueda) son mucho más complejas (o, por lo menos, llevan más trabajo). Por lo tanto, elegir las mejores palabras clave no hará que nuestro contenido sea el más elegido, aunque esté mejor posicionado. Para lograrlo es necesario completar la estrategia con otras técnicas.

Términos de búsqueda

Hay algunos términos de búsqueda bastante estacionales, como regalos, que coincide claramente con la llegada de la Navidad. Impa cta de igual manera el fútbol, con un gran aumento de búsquedas durante los mundiales.

Panel de control

Comparador: en esta sección se encuentran los términos que queremos analizar como tendencias. Desde aquí podemos añadir nuevas palabras clave o quitar las que hemos seleccionado.

Menú superior: en este menú podremos encontrar distintos filtros para segmentar la búsqueda por lugar, período de tiempo, categoría o sector y tipo de búsqueda (Web, Noticias, Google shopping y YouTube).

Botones de acción: son botones que nos permiten descargar el gráfico en .CSV, y/o compartirlo mediante un script o en redes sociales.

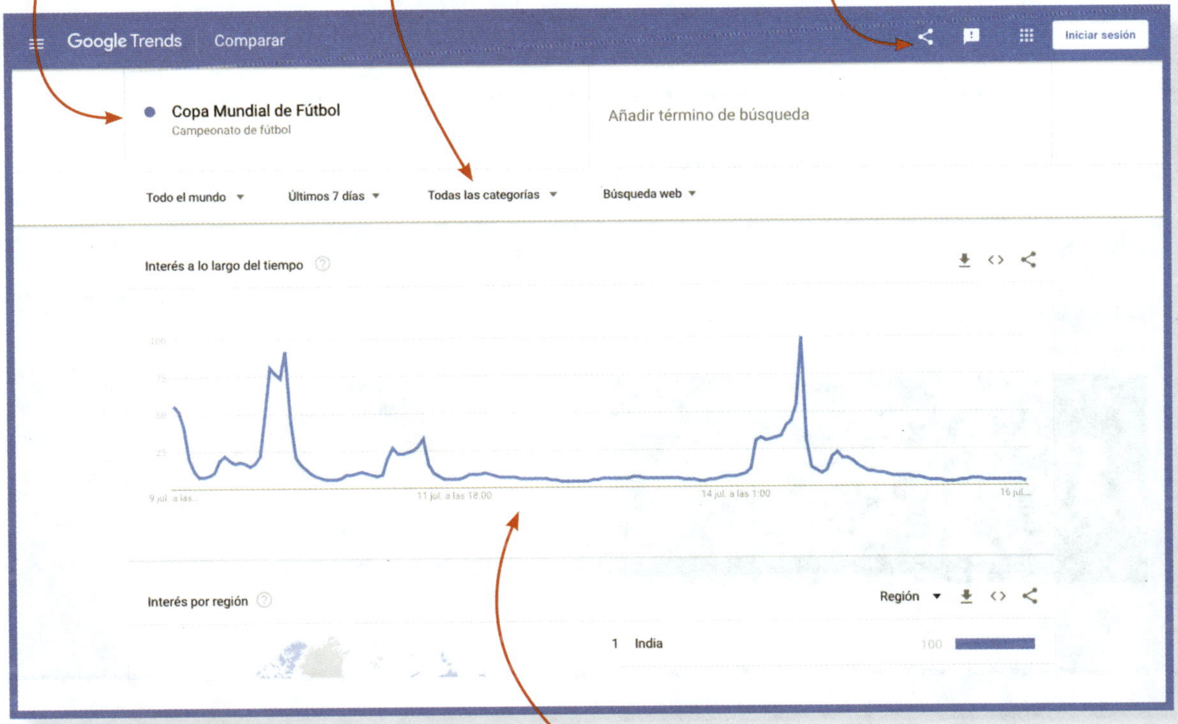

Gráfico: permite ver intereses de búsqueda relativos al punto más alto del gráfico (siendo este 100, y el resto, números relativos a él). No son valores absolutos de búsqueda.

La investigación de Ginsberg et al. (2009) indicó que Google Trends rastreó y predijo la propagación de la gripe antes que los centros para la prevención y el control de enfermedades.

Usar Google Trends

1 En la esquina superior derecha, hacemos clic en **Iniciar sesión**. Si ya tenemos una cuenta de correo electrónico de Google, simplemente informamos la dirección de correo y la contraseña. Pero si aún no tenemos una, hacemos clic en **Más opciones/Crear cuenta**, y creamos usuario y contraseña.

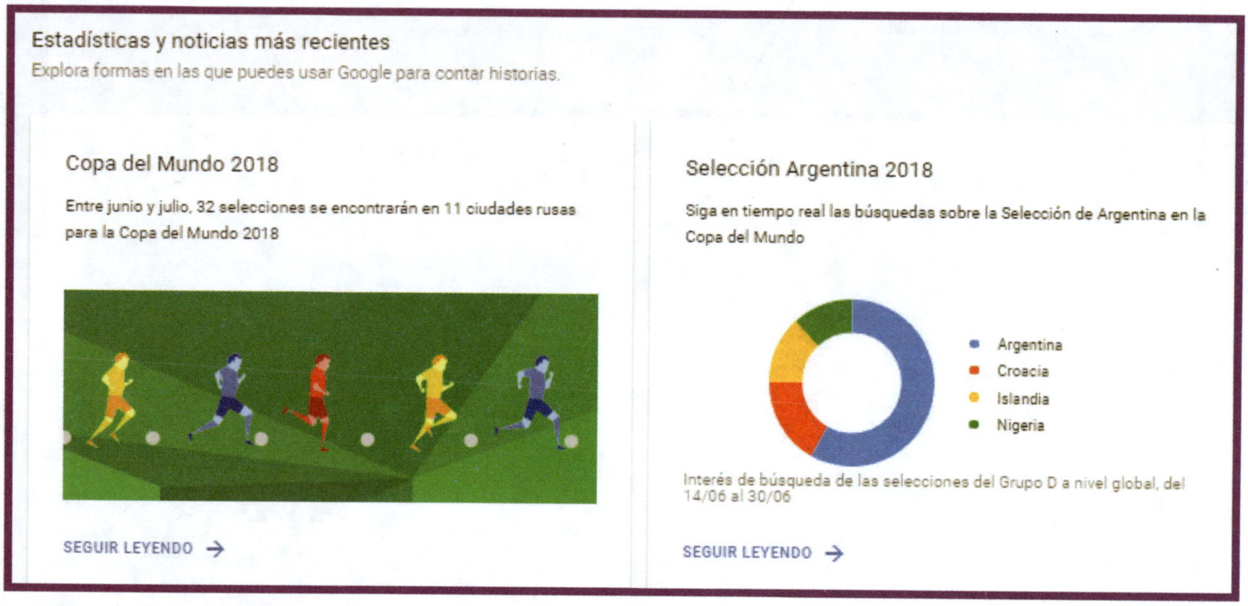

2 En esta página podemos cambiar el país (con un clic en la esquina superior derecha) para tener una visión general de una ubicación o un tema específico. Desde la primera pantalla que nos arroja Trends podemos ver las secciones: estadísticas y noticias más recientes, tendencias recientes y el año en búsqueda (para elegir un año).

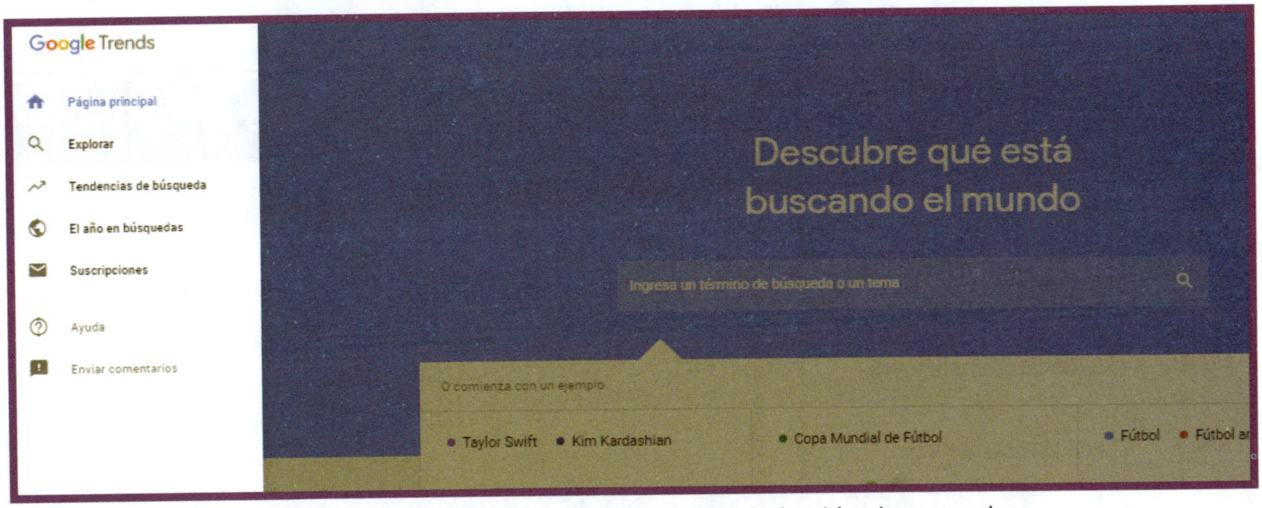

3 Desde el menú de la izquierda podremos ver exactamente los términos usados por los usuarios en los motores de búsqueda. Desde el menú superior, en el centro, podremos seleccionar país, tiempo, categoría y tipo de búsqueda.

La visión que tendremos será general, porque los temas que se muestran son aquellos que fueron más buscados en el año.

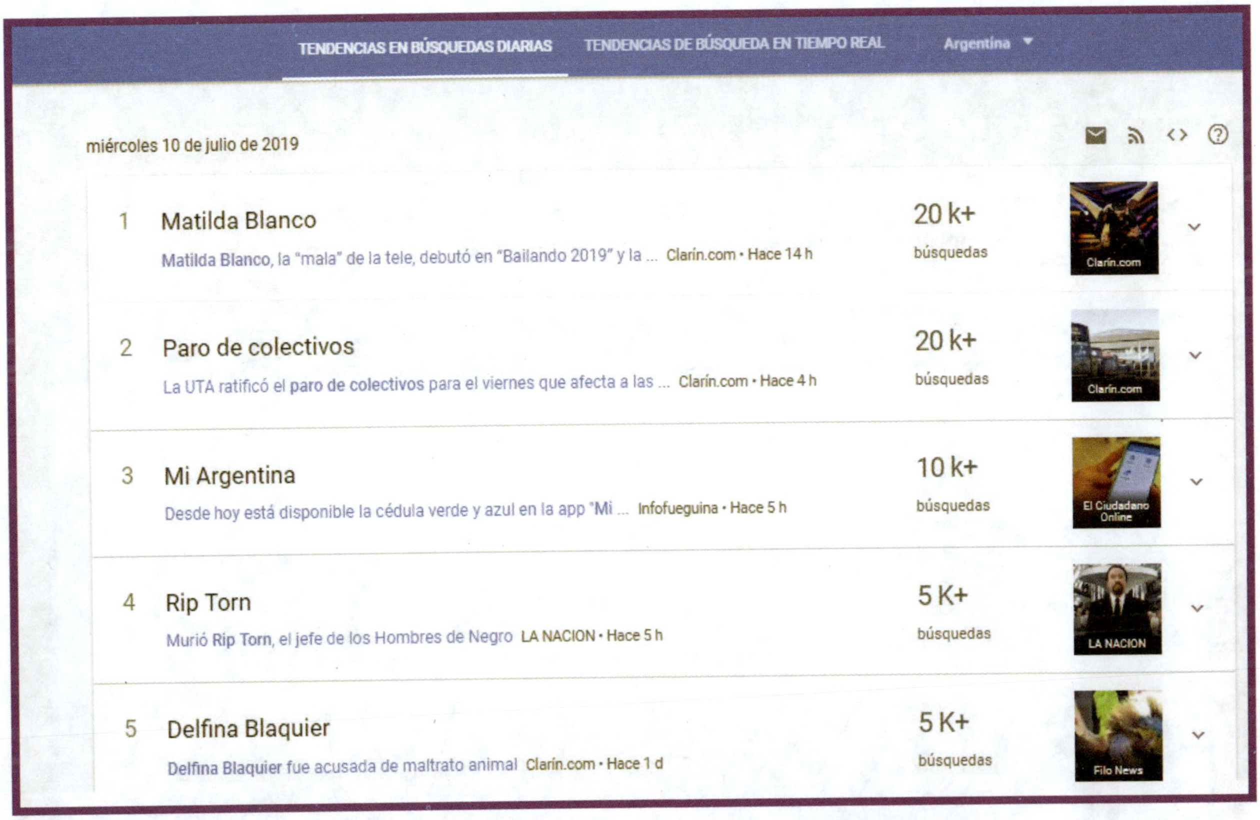

4 En el menú de la izquierda también podemos seleccionar las **Tendencias de Búsqueda,** para tener una visión actualizada de lo que los usuarios están buscando diariamente y con actualizaciones de aproximadamente 1 hora.

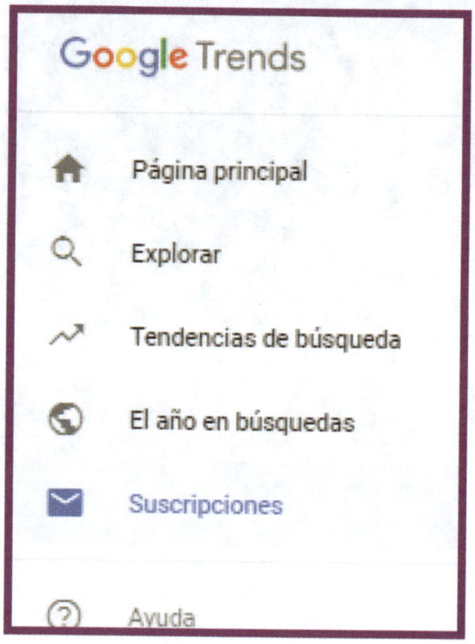

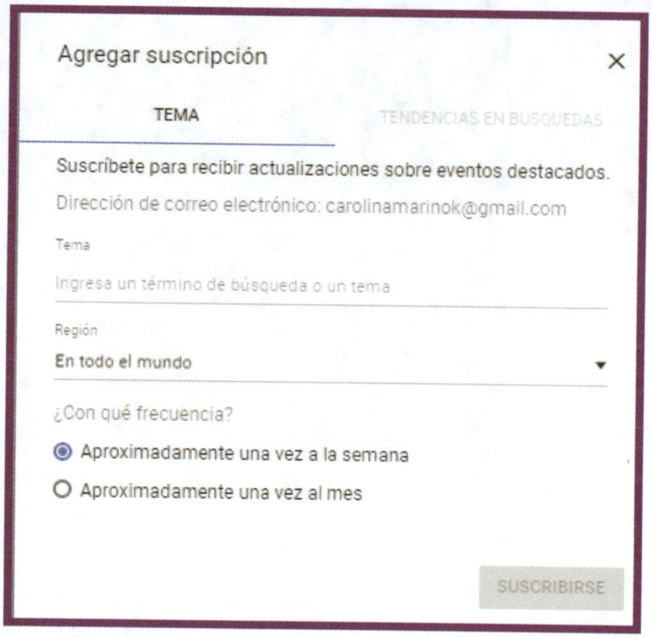

5 Desde el menú de la izquierda elegimos **Suscripciones/+ Agregar suscripción** e introducimos un término de búsqueda, país y frecuencia para recibir actualizaciones en nuestro correo electrónico sobre eventos relevantes del término que deseamos. Después, simplemente hacemos clic en **Suscribirse** y listo, recibiremos info interesante sobre una determinada palabra.

Google Music Trends

Es el servicio opcional que exhibe la música más escuchada en la red a través de Google Talk de Google, bajo la forma de canciones más escuchadas en la semana. Las tendencias también se pueden filtrar por género y por países.

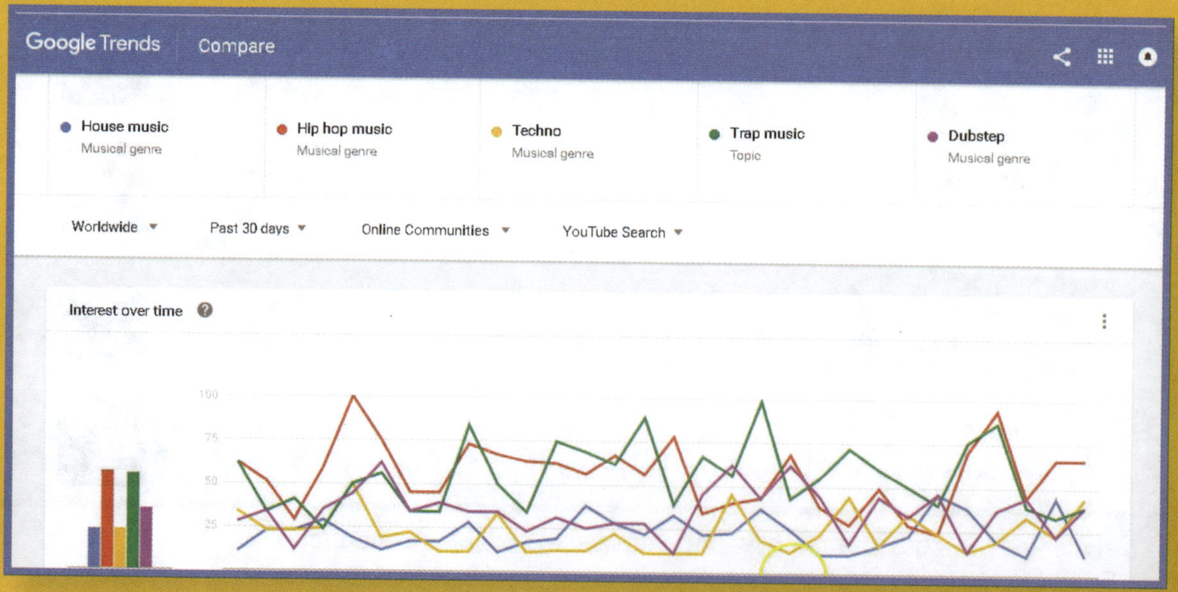

Buscar Palabras clave

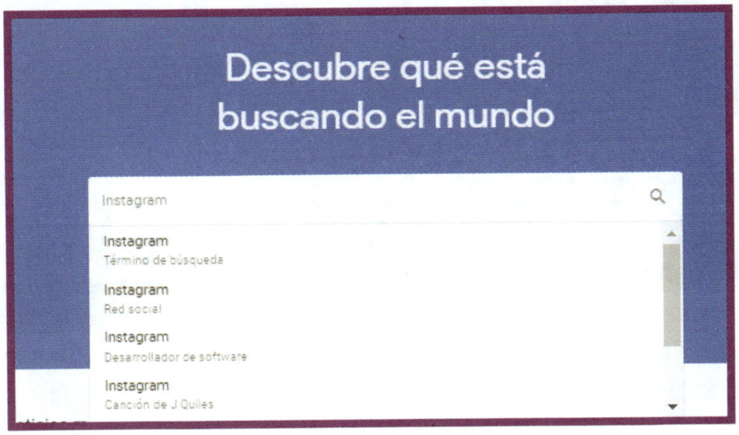

1 Desde la barra de búsqueda superior, debemos ingresar un término o palabra clave. Se desplegará un listado, donde hacemos clic en el correspondiente; en nuestro caso, se trata de Instagram, **red social**. Con esta búsqueda lograremos conocer el interés del público a lo largo del tiempo y por región del mundo sobre el término rastreado. Además, también veremos temas y consultas relacionadas con los términos. También podemos seleccionar el tiempo, la categoría y el tipo de búsqueda en Internet (imagen, noticias, Google Shopping o YouTube) para analizar más detalladamente el término en cuestión.

2 Si deseamos hacer una comparación, basta con hacer clic en **+ Comparar** y escribir el término relacionado; en nuestro caso, pusimos **Facebook**.

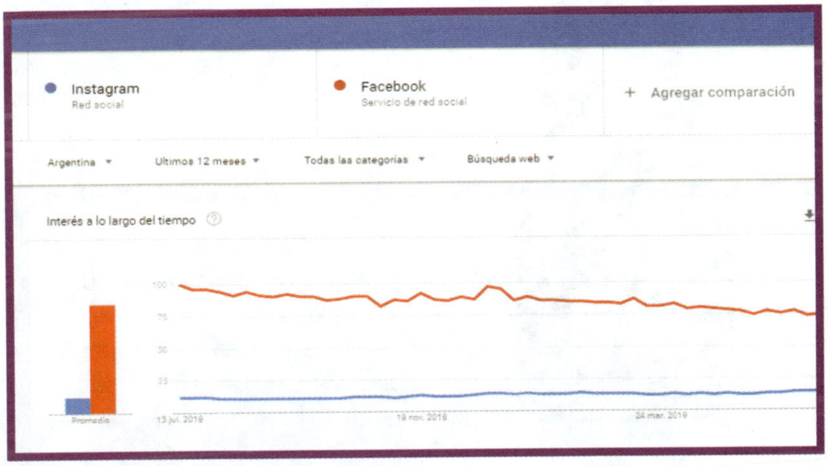

Así como Google Analytics es fundamental para el análisis de nuestro sitio, no podemos dejar de recomendar Google Trends para la elección de palabras clave, así como también para realizar estudios de audiencias y cualquier estrategia de generación de contenido.

Google Ads

Google Ads (hasta julio de 2018 se llamó Google AdWords) es la plataforma de anuncios de Google. Su primera versión fue lanzada en el año 2000, y desde entonces lidera el mercado de publicidad online. A través de Google Ads podemos crear anuncios de Búsqueda, de Display, en YouTube, Gmail y también en Play Store.

Mediante los anuncios de Google Ads, tenemos la posibilidad de destacar nuestros productos o servicios en Internet. La ventaja más importante de AdWords es que los anuncios pueden ser destacados para un público segmentado. Es decir que podemos invertir en una audiencia calificada y, por lo tanto, relacionada con nuestra marca.

Google Ads

Por ejemplo, para un e-commerce o blog de comida vegetariana, lo más importante sería exhibir las campañas para personas vegetarianas y no, para los que comen carne; de lo contrario, se estaría perdiendo dinero en público que no está interesado. ¿Cómo es posible esta segmentación? Sobre la base de cookies y palabras clave.

Ventajas de Google Ads

En Google Ads, podemos **competir con cualquier empresa en igualdad de condiciones** y anunciar nuestros productos o servicios con el mismo nivel, incluso mejor que una marca internacional. Una de las razones de esto es el poder de segmentación que provee la herramienta.

Es posible segmentar según ubicación, idioma, sexo e intereses, entre otras variables; incluso podemos incluir nuestros anuncios en las búsquedas realizadas desde otros dispositivos: computadoras de escritorio y notebooks, o bien tablets y smartphones.

La publicidad no se muestra a todo el mundo, como sucede con los medios tradicionales, sino que solo las personas que puedan estar interesadas ven los anuncios. Por lo tanto, nuestra pyme, proyecto o startup puede competir con cualquier empresa, por la simple razón de que el éxito de la campaña no depende solo de la inversión, sino también de la creación de los mejores anuncios, y para crear el anuncio perfecto necesitamos: creatividad, inversión y segmentación.

¿SEO O SEM?

Si bien el SEO nos ayuda a posicionarnos, el SEM nos aporta velocidad. Es decir, con solo lanzar una campaña, ya podemos aparecer en las primeras posiciones, algo que al SEO le llevaría más tiempo.

Tipos de anuncios

RED DE BÚSQUEDA

Son los anuncios que se exhiben en los resultados de búsqueda para ciertas palabras clave. Se ubican como resultados destacados en el inicio y en el fin de la SERP (*Search Engine Results Page*) y con una pequeña leyenda diciendo "Anuncio", para indicar que es un link patrocinado.
Aquí, el anunciante solo paga cuando la persona hace clic en el link del resultado para entrar al sitio web. Es decir, estos anuncios pueden tener una excelente relación de costo-beneficio para nuestra empresa.

Stilettos en Dafiti | Lo Último de Stilettos Aquí | dafiti.com.ar
Anuncio www.dafiti.com.ar/ ▾
Comprá **Stilettos** En Cuotas Fijas En Dafiti. Envío y Cambio Gratis* ¡Aprovechá! ¡**Stilettos** con Cambio y Devolución Gratis a Todo El País, No Te Lo Pierdas! Más de 20.000 Productos.

2 Zapatillas Premium 1999
Zapatillas Premium Sólo En Dafiti
Aprovechá y Comprá Ahora En Dafiti

2 x 1 Zapatillas
2 Zapatillas Por El Precio de Una
Los Mejores Precios Sólo En Dafiti

RED DE DISPLAY

Este estilo de campaña puede encontrarse en diferentes sitios, páginas de noticias y blogs. Todos ellos forman la llamada Red de Display de Google, que alcanza al 90% de los usuarios de Internet en el mundo.
Los anuncios gráficos tienen opciones especiales para segmentar: palabras clave, información geográfica y remarketing. Con ellos, podremos lograr que los clientes vean nuestra marca, consideren nuestra ofertas y realicen alguna acción.
Hay varias formas de usar la publicidad gráfica: banner, texto, Gmail y aplicación.

YOUTUBE

Podemos crear campañas que se vinculen con los videos en esta plataforma. Con más de un billón de usuarios, podemos seleccionar el público objetivo basándonos en edad, sexo, ubicación, interés, etcétera.

APLICACIONES

Si tenemos aplicaciones, entonces este tipo de anuncio es fundamental para aumentar el alcance. Podremos promover nuestro negocio o incluso nuestra aplicación para usuarios iOS o Android.

YouTube

Según YouTube, solamente pagaremos cuando las personas se interesen en nuestra campaña. Es decir, si el anuncio es omitido antes de los 30 segundos (o antes del final), no pagaremos nada.

Costo por clic, ¿cómo funciona?

Google Ads funciona como una subasta. Con el concepto de pago por clic, PPC, los anunciantes pagan a Google por cada clic que un usuario realiza en su anuncio. Es el modelo de negocio conocido por su sigla en inglés, CPC, o *cost per click*. La ventaja es que en AdWords no siempre gana la mayor oferta. Por lo tanto, depende de la oferta y la demanda, así como de otros factores que determinan la calidad y relevancia del anuncio.

El hecho de que un anunciante aparezca en una posición u otra se determina al igual que el precio. Su posición varía debido al pago que haga por clic, a la relevancia que tenga el anuncio y a la página de aterrizaje, con la búsqueda que hace el usuario.

POSICIÓN DEL ANUNCIO

El sistema por el cual Google Ads posiciona el anuncio en un mejor o peor lugar se basa en el ranking que tiene ese anuncio. El ranking es la multiplicación del precio máximo que estamos dispuesto a pagar por esa palabra clave (puja o subasta) y el nivel de calidad (*Quality Score*) de esa palabra clave.

CALIDAD

El **nivel de calidad** es uno de los factores que influyen en el ranking del anuncio. Un nivel alto significa que lo que busca el usuario está muy relacionado con la palabra clave por la que puja el anunciante, y también muy relacionado con el anuncio y la página de destino que tiene el anunciante.

Cómo crear una cuenta en Ads

Para crear una cuenta de Google Ads, necesitamos una dirección de correo electrónico y el sitio web de nuestra empresa. Si no tenemos web, podemos promocionar nuestra empresa en Google con las campañas inteligentes, la experiencia predeterminada de Google Ads para los anunciantes nuevos.

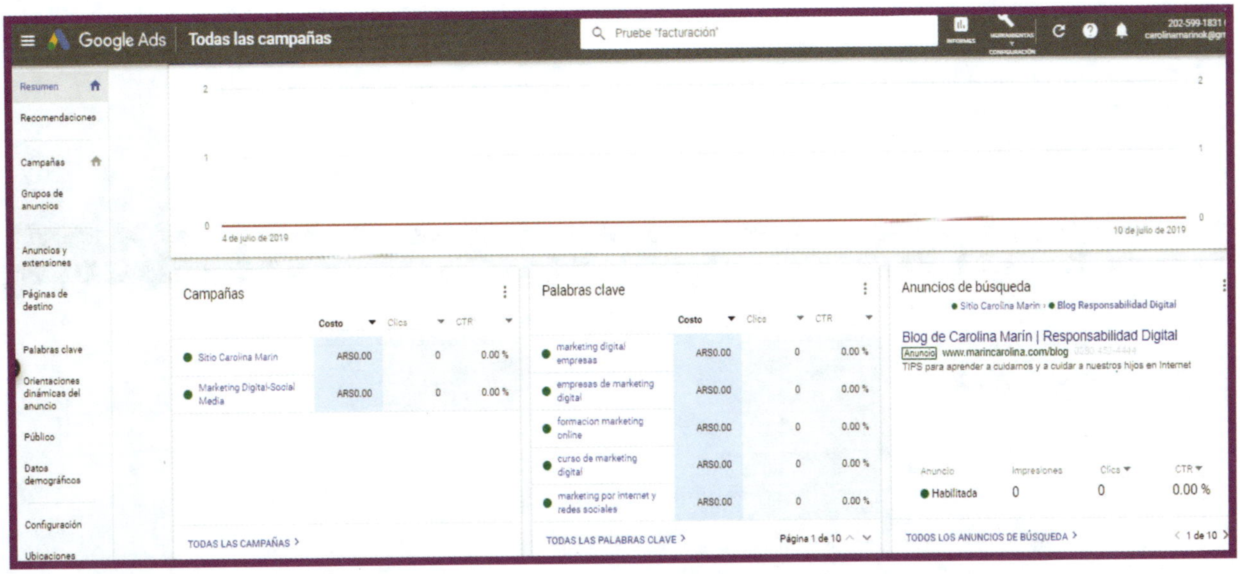

1 Ingresamos en **https://ads.google.com**. Colocamos el correo electrónico que deseamos utilizar para acceder a nuestra cuenta de Google Ads nueva. Si ya tenemos una cuenta de Google (cualquier otro producto de Google, como Gmail), usamos la dirección de correo electrónico de Google.

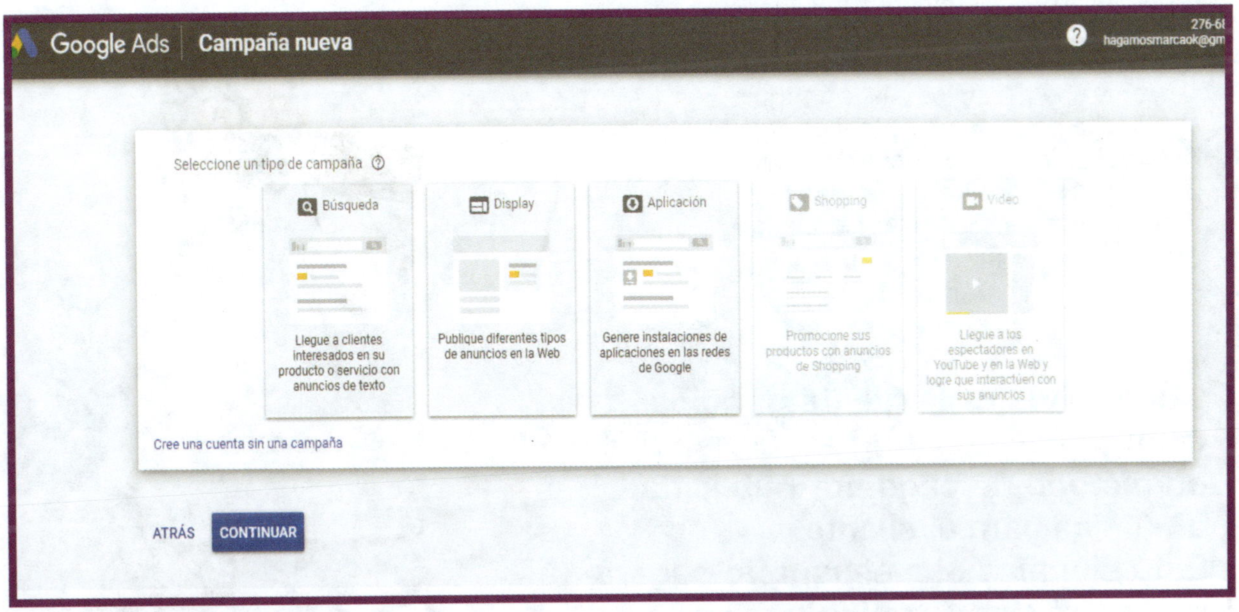

2 Ingresamos la dirección del sitio web de la empresa que deseamos anunciar. Hacemos clic en **Continuar**.

3 Accedemos a la cuenta de Google existente o creamos una nueva.
Si ya tenemos una cuenta de Google (como Gmail), ingresamos la dirección de correo electrónico y la contraseña de Google y, luego, hacemos clic en **Acceder**.
Si no tenemos una cuenta de Google o si deseamos utilizar una dirección de correo diferente para acceder, hacemos clic en **Crear una cuenta** en la parte inferior de la pantalla y seguimos las instrucciones para crear y confirmar la nueva cuenta.

4 La plataforma nos pedirá crear nuestra primera campaña. Deberemos completar todos los formularios con los datos solicitados y en cada nivel dar clic en **Siguiente**. Al finalizar tendremos que colocar datos de nuestra empresa y listo.

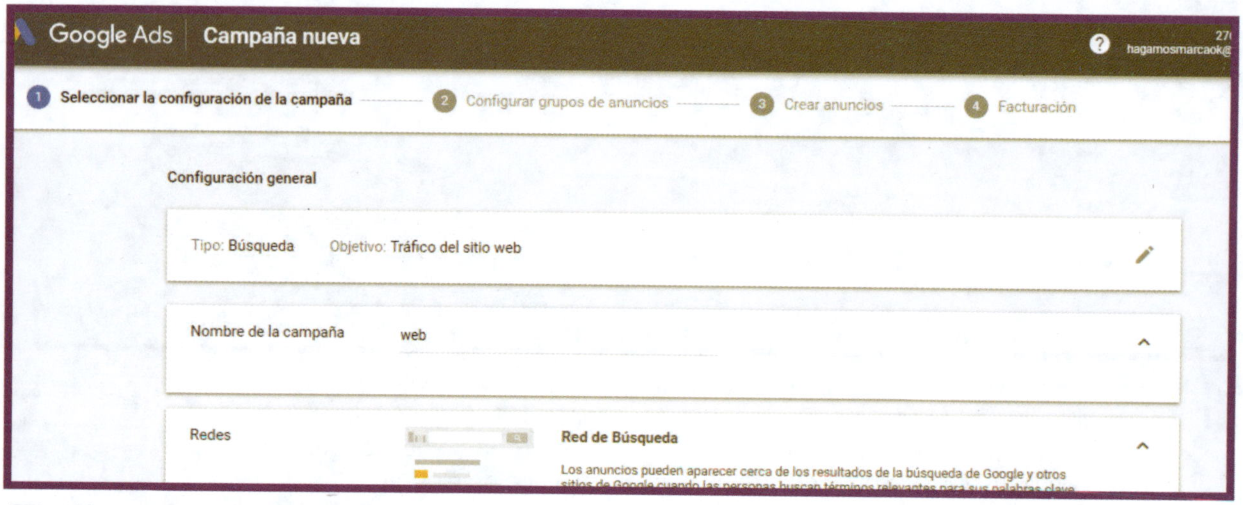

5 Al hacer clic en **Continuar**, Google dará paso a una configuración guiada, dándonos todos los detalles que necesitamos para crear nuestra cuenta en Ads. En los pasos a seguir, necesitaremos escribir algunos datos y establecer una campaña de prueba para comenzar a usar Ads: Acerca de tu empresa, Tu primer Campaña Adwords y Pago.

**Google Ads es la fuente principal de ingresos de Google y constituye un método de pago por publicidad dinámica para el cliente.
Esto significa que el usuario pagará o cobrará por el tráfico generado en un sentido u otro.**